SPEAK WITH ELOQUENCE

超级慧说话

一学就会的场景沟通和表达法

周思慧◎著

人民东方出版传媒

东方出版社

图书在版编目（CIP）数据

超级慧说话：一学就会的场景沟通和表达法 / 周思慧著.
—北京：东方出版社，2020.6
ISBN 978-7-5207-1461-7

Ⅰ.①超… Ⅱ.①周… Ⅲ.①语言艺术 – 通俗读物 Ⅳ.①H019–49

中国版本图书馆CIP数据核字（2020）第021501号

超级慧说话：一学就会的场景沟通和表达法
（CHAOJI HUISHUOHUA　YIXUE JIUHUI DE CHANGJING GOUTONG HE BIAODAFA）

作　　者：周思慧
策划编辑：鲁艳芳　张九月
责任编辑：张洪雪
出　　版：东方出版社
发　　行：人民东方出版传媒有限公司
地　　址：北京市朝阳区西坝河北里51号
邮政编码：100028
印　　刷：三河市金泰源印务有限公司
版　　次：2020年6月第1版
印　　次：2020年6月北京第1次印刷
开　　本：880毫米×1230毫米　1/32
印　　张：7.125
字　　数：140千字
书　　号：ISBN 978-7-5207-1461-7
定　　价：48.00元
发行电话：（010）85924663　85924644　85924641

自序｜会说话，人生才能一路开挂

亲爱的读者，你好，我是周思慧，很高兴能以书为媒，与你相遇。

我做了 14 年主持人，如今已经成功转型为一名演讲表达、情商沟通的职业教练。尽管我转变了职业发展的方向，但始终在沟通表达这一领域深耕。在这个快节奏的时代里，我深深地感受到，人与人之间产生链接最直接、最关键的载体，就是语言。无论是在生活中，还是在工作中，具备良好的语言表达能力尤为重要。只是，我们具备了生理上的语言表达能力，就真的会说话了吗？对于这个问题，我相信你们心中已经有了答案。

一、会说话的人，在人际交往中会让人心生好感

在生活中，我们只要与人打交道，就不可避免地要和人交流。会说话的人，往往会交到很多朋友，也会给人留下好印象。常常有这样一种情况：相同主题的内容，从两个不同人的嘴里说出来，效果往往天差地别，有人说出来

会被接受，有人则会被嫌弃。为什么会出现这样的情况？问题出在说话的技巧上。在人际交往中，该如何做才能让别人不难堪，自己也舒服呢？这是本书研究的第一大课题。

前几天，我在回家路上被一位小女生拦住了："女士，我是某某健身房的，我们店里最近在搞活动，您了解一下。"说着递给我一张传单。我告诉她，我暂时不需要。她接着说："那您留一下联系方式吧，我们有任务的。"我心想一个小姑娘也挺不容易的，要不要帮帮她，但又怕留了联系方式会经常接到他们的推销电话。正在犹豫的时候，她继续说："我看您的身材也需要减肥了，您留个联系方式，万一想办卡呢？就算不需要，就当帮我个忙，我们有任务的。"我有点反感她这种说话的方式，果断拒绝了她。全程只说自己有任务，需要帮忙，就没想过我一个陌生人为什么要帮你？见我犹豫，就公然评论我的身材，虽然是实话，但让人听起来也不舒服。巧的是，过了一条马路，等红绿灯的时候，我刚好碰到她的同事正在跟另一个人介绍。他的说法就完全不一样了："您好，我们店里最近在搞活动，价格非常优惠，您如果感兴趣可以去了解一下。""您现在不需要没关系，可以留个联系方式，我做个报备，需要的时候来还可以给您打折。您放心，我们不会打电话骚扰的。这是我的微信，您加一下我，要是想报名，可以随时找到我，而且我平时也会在朋友圈发一些健身、养生知识，对您也有帮助。"全程都是从对方的角度出发，可以给你打折，可以给你分享知识。相信如果你遇到这两种情况，也更容易接受第二个人的推销方式吧。

二、会说话的人，在家庭关系的处理中会更加游刃有余

最近看到一则令人悲伤的新闻，有位女孩在与母亲争执后跳楼自杀。这个母亲事业有成，追求完美，对独生女儿要求也很严苛。这次，她去美国看望正在名校读博士的女儿，不知怎么就指责起她来。面对母亲的不满，女儿说："我是不是永远都没法让您满意？"母亲却回道："你觉得自己做得很好吗？"听到母亲的话，女儿转身跳下了阳台，悲剧发生了。很多家长都希望孩子懂事、优秀、合群，不希望孩子叛逆、过于个性化，总之是"你长成我希望的样子，我就满意了"。当"我"满意的时候，自然不会讽刺挖苦你，为你骄傲还来不及呢！在大多数父母眼中，孩子永远是不懂事的，需要自己引导。他们把孩子当作一个附属品，而不是需要被尊重的个体。父母们用"打压式教育"在孩子面前树立权威，用粗暴的语言达到自己的目的，给孩子带来深深的伤害而不自知。孩子也并不理解父母的良苦用心，更不知该如何与他们沟通。其实，家庭关系中的语言表达，往往不止局限在亲子关系上，爱人之间、父母

之间，处处需要沟通，处处需要交流。语言的强大之处在于，它能让你爱的人更爱你，也能让你爱的人离开你。有时候，一句错话，可能会造成一辈子无法弥补的遗憾。如何用非暴力的沟通方式去和家人、爱人相处，是本书研究的第二大课题。

三、会说话的人，在职场中往往更容易左右逢源

最近我的闺密小林和我哭诉说，她在工作中经常被部门领导穿小鞋，经过长时间的煎熬后，她终于忍不住了，愤然离职。后来我通过了解，发现了一个重要的原因，小林说话太直接，她觉得这样说话是耿直率真的表现，殊不知在别人眼里，她是一个口无遮拦的人，因此得罪了领导和同事，最终导致了职场冲突的爆发。其实在职场中，领导喜欢会说话的人，因为与这样的人沟通起来更有效率。同事也喜欢会说话的人，因为这样的人让人有亲切感，不会给人添堵。现实的情况是，很多职场人明明想和对方好好沟通，可每次都不欢而散，并认为自己没说什么过激的话。我通过观察发现，问题不是出在他们说话的内容上，而是出在他们说话的方式上，他们说话的力度、语气很容易引起别人的误解。所以，不管是上下级的相处、同事之间的相处，还是和客户的相处，都需要匹配适合的说话方式，这是本书研究的第三大课题。

很高兴你在此刻打开了这本书，我将从赢在第一瞬间、说出家庭幸福感、绕开人际交往的八大"坑"和职场表达方法大不同四个方面，教给大家最智慧的说话方式。

会说话，人生才能一路开挂，期待你看完本书后有满满的收获。

2020 年 2 月 18 日

目 录
contents

赢在第一瞬间

第一篇

人际交往中，赢在第一瞬间至关重要，而第一印象除了要有"颜值"，还要有"言值"。我们假设以下几个场景：你去公司面试，需要做一个让面试官眼前一亮的自我介绍；初次和重要客户见面，需要和他完成一次愉快的交谈；参加一场亲戚为你牵线搭桥的相亲，需要和相亲的对象好好聊聊天；在一场聚会里，突然发现了一个心仪的对象，特别渴望认识他（她），如何用恰当的说话方式，一语击中对方呢？很多人都熟悉的综艺节目主持人蔡康永曾经说过："你说什么样的话，你在别人眼中就是什么样的人。"也许你平时很慷慨，但你说话很刻薄，别人就会觉得你是一个刻薄的人；也许你平时很正派，但初次见面，你就和别人开一些猥琐的玩笑，你在别人的印象中就是一个猥琐的人。人和人第一次见面时，说出的任何话语，都会成为别人对你生成定式的依据之一。

　　现在就请你打开第一篇：赢在第一瞬间。

01 如何做自我介绍，才能让别人快速认识你

　　无论是参加面试，还是参加大型聚会，或者是见心仪的人，我们都要做好自我介绍，因此做好自我介绍应是我们每个人必备的技能。面试时，你给面试官的第一印象很重要，如果你连做自我介绍都磕磕巴巴、词不达意，那么这个机会你就抓不住了。再比如，你参加一次大型聚会，身边都是陌生的朋友，如果你不能做好自我介绍，那估计没人能记住你，除非你颜值非常高。又比如，你对一位异性一见钟情，恰好与对方有一个面对面交流的机会，而见面时，你却紧张得大脑一片空白，除了说名字，就只剩沉默或者东拉西扯乱说一气，那么你被对方看上的机会就基本为零了。

由此可见，人生处处需要做好自我介绍，因为这是你留给别人极为关键的第一印象。可能很多人会想，自我介绍，这谁不会啊？不就是告诉别人，我是谁、来自哪里、是干什么的，这还用学？实际上，无论是在工作还是生活中，很多人在做自我介绍方面，都踩过很多的"雷区"。

雷区一：过于简单。很多人做自我介绍常用 3W 原则，即 Who、Where、What，说出来没错，但如果仅仅只有这三点简单直白的介绍，对方一定很快就把你忘记了，因为实在太没有新意和创意。举个例子：你好，我叫陈晓光，来自福建厦门，是一名医生。这样简单的自我介绍，大家能记住吗？另外，如果一个人的名字比较生僻，做自我介绍时又没有做相关解释，对方便可能分分钟把你忘得一干二净。

雷区二：长篇大论，传递无效信息。有的朋友在介绍自己的时候，内容扯得十万八千里，到最后可能连自己的名字都忘了说，浪费双方的时间。对于听众而言，如果你说的内容和他无关，如何能让他跟你产生链接呢？没有链接，对方肯定无法记住你。例如：小君参加企业招聘面试会，做自我介绍的时候，她说："我曾经担任过学校的学生会主席，三次获得学院的一等奖学金。利用业余时间，我还获得了注册会计师资格证、普通话一级甲等证书、校主持人技能大赛的第三名。"看出小君的自我介绍有什么问题了吗？看起来，她把自己辉煌的履历说了一遍，这没有问题。不过，这些辉煌履历已经填写在面试材料上了，不太需要重复介绍，且过多使用第一人称，这样会很容易让人感觉你是一个自以为是的自我中心者。在面试时，相信面试官更想听到的是你拥有什么能力来匹配这个岗位的论述。

雷区三：提问对方。在自我介绍中，提问对方是有风险的，特别是涉及个人信息的问题，当对方答不出时，有可能直接冷场。举个例子：小美来参加企业招聘面试会，张口第一句："各位老师好，大家猜下我来自福建哪个城市？"面试官们回答："猜不出来，不知道啊。"小美说："我来自泉州，你们去过吗？"恰巧几位面试官都没有去过泉州。本来小美想拉近距离，却弄巧成拙。

雷区四：开不恰当的玩笑。以前，我也特别不擅长做自我介绍。别人问我有什么特长，我常开玩笑说，我腿特长。对方听了，只能尴尬地笑笑。所以，在自我介绍中，开不适宜的玩笑，也是一大硬伤。

一个好的自我介绍，既不能过于简单，也不是查户口式的情况播报，而是需要选择有趣的方法让内容丰盈饱满、耐人寻味，甚至让对方欲罢不能。怎样才能做出一个有趣而又让别人印象深刻的自我介绍呢？你是不是也有这方面的困惑呢？

其实，做自我介绍还是有章可循的。只需要掌握以下几招，你就可以学会做既得体又让人印象深刻的自我介绍，并使自己成为让客户有记忆、让朋友有兴趣、让异性有好感的人。

第一招，名字故事化。

每个人的名字都与众不同，何不说说你名字背后的故事及意义呢？我有一位老师叫陈寺明，他是这么介绍自己的："我出生的时候，爸妈给我取了个名儿叫陈诗明，结果我读书的时候太爱讲话了，总是被老师告状，爸妈一生气，把'诗'改成了'寺'，去掉了'言'字旁，想让我做一个安静的美男子。但世界竟有如此巧合之事，去掉了'言'的我，长大后，竟然靠自己出色的表达沟通能力，成为一名演讲教练。"经过他这么一番讲解，大家是不是就能迅速记住他的名字——寺明了呢！我的一位同事叫刘盈盈，大家开玩笑说，她这种 ABB 型的名字像菜市场名，在菜市场大喊一声"盈盈"，会有好多姑娘转头，太大众化，没有记忆点。然而，我这位同事是如何介绍自己的呢？她说："大家好，我叫刘盈盈，和《笑傲江湖》里的任盈盈同名不同姓，我不仅有着侠女般侠肝义胆的豪情，还有着'盈盈一水间'的温文尔雅。这个名字是我爷爷取的，因为我爷爷喜欢打麻将，希望我这个孙女盈盈能给他带来好财运，每次打牌都能够赢赢赢。"怎么样？她的自我介绍不仅让人觉得有趣，还把自己的性格也介绍了，最后再来个幽默的梗，瞬间把这个"菜市场名"解释得特别高大上，一下子就让人记住了。很多人或许会说，我的名字就是太普通了，没什么故事可说啊。其实，没有关系，你完全可以给它添加一个背景，想想有什么故事是可以利用的，只要让人有记忆点就行。

第二招，内容善自嘲。

自嘲，表面上看是自黑，本质上却是自信，就是接纳自己的不完美。敢于把自己的弱点展示出来，而且可以产生出幽默的效果。我们的另外一位老师王刚，他是一位右手有残疾的人。他自我介绍的时候是这么说的："有时候，别人会好奇我的右手残疾是什么原因造成的，我就郑重其事地说，练'一阳指'走火入魔造成的。"他这就是拿自己的缺陷来开涮。除此之外，常用的自嘲的嘲点还包括矮、胖、丑、穷、笨以及自己没有对方做得好等。

我同事王静，她在大家面前总是喜欢自嘲自己胖。当时她面试时自我介绍是这么说的："公司如果录用了我，那公司里的其他女孩一定会很开心的，因为我可以衬托她们的瘦和美。"对于这类敢于自嘲的自我介绍，大家听到后也会会心一笑，并不会嘲笑他们的缺点，反而佩服他们的大度和幽默。幽默是人与人沟通时最好的润滑剂，也是最能打动人心的社交武器。敢于拿自己的缺点或者生理缺陷开玩笑，是豁达乐观的表现，也会让人相信他们对工作的热情和自信。

第三招，细节变具象。

很多人在做自我介绍的时候，用的都是大白话。比如，我在哪里工作、我的兴趣爱好是……几句话一带而过，这样的自我介绍像一杯白开水，平淡无奇。如何在细节上做文章，把自我介绍做得更好呢？就是用或优美或风趣的叙述手法，把事情具象化。我来举个例子："要说到我的职业啊，那大家得猜一猜了。我的工作，就是一个可以站在新人的身旁见证他们一生幸福的职业。"后来大家也猜对了，说我是一个婚礼主持人。这样的表达方式，不仅使我和听众有了互动的效果，而且通过调动听众的思考，让他们对我的职业印象深刻。

如果你可供支配的自我介绍时间较长，可以选择讲一个小故事，来引出你的工作和爱好。就拿我自己来举例吧：小时候，我有一个好朋友，它叫作收音机。每天听着电波里那温柔的主持人的声音，当时我就想，什么时候能像这个大姐姐一样，声音标准动听。于是，为了这个目标，我努力读书，终于考取了播音主持专业，后来也成为一名职业主持人，实现了自己的梦想。如今，我希望做一名知识的传道者，把自己学习说话、学习沟通的技能分享给大家，所以我转型成为一名职业培训师。通过故事的渗透，大家是不是一下子就对我的职业有了更深刻的印象呢？

第四招，结尾引共鸣。

一个好的自我介绍，结尾很关键。结尾时，要把话说到对方心坎里，与听众产生链接，要让对方觉得你介绍的内容和他有关系，能引起兴趣和共鸣。例如："现场有没有和我一样喜欢游泳的朋友，下次我们可以约着一起去锻炼，有个伴一起互相监督才有动力，相信这个夏天过后我们的啤酒肚就会消失了！"你看，这么说是不是和现场的听众能产生链接，甚至可以马上得到有效反馈，会游泳的朋友一下就来了兴趣，拉近了与听众的距离。再给大家提供一些常用的引入句开头："我希望""我相信""我期待""我很高兴（开心）"，这些句式一套用进去，就能表达自己积极友善的态度，并能引起对方的共鸣和认可。

说话慧有招

如何做自我介绍，才能让别人快速认识你、了解你呢？一起来总结一下你收获的做自我介绍的四个小妙招。

第一招，名字故事化。给名字准备一段有趣的故事，让别人听完就能马上记住你的名字。

第二招，内容善自嘲。敢于用自嘲的方式展现自己的豁达、幽默，把自嘲当作自信，让大家被你的乐观所感染，这就达到效果了。

第三招，细节变具象。叙述时可以运用各种修辞手法，也可以用提问的方法来互动。如果你做自我介绍的时间比较充裕，那你可以讲个故事带出你的职业、爱好，以及你想传递的细节。

第四招，结尾引共鸣。妙用引入句，内容会更有对象感，话语也会更有亲切感，能和听众产生有效链接。

说话是一项软技能，需要长时间的练习才能达到效果。所以希望你看完本篇后，尝试着写出一段特别吸引人的自我介绍，并将其运用在自己的工作和生活中，为你的精彩人生助力。

闲谈其实有门道，教你四个好方法

你有没有遇到过这样的情况：一群朋友在聚会上聊得热火朝天，你几次想加入他们的聊天，却一直找不到机会，于是，你只能无奈地当一名旁观者；一大早在公司电梯里遇到老板，而且只有你们两个人，你尴尬得不知道如何开口，只能傻傻地盯着电梯里的楼层显示屏，假装观察数字的变化。又比如，父母给你介绍了一个相亲对象，见面一看，对方还真不错。聊天时，你不会闲聊，开口就像调查户口似的，对方有礼貌地说自己还有事先走一步，然后就没有下文了。如果你曾遇到过以上场景或者更尴尬的情况，那你就要好好看看本节教你的闲谈好方法了。

正所谓"人在江湖飘，哪能不挨刀；人在社会混，哪能不社交"，我们每天都会和不同的人——同事、客户、亲人、朋友以及陌生人打交道。有人的地方就会有社交，有社交的地方就要有闲谈。为什么？因为闲谈才是社交的正确打开方式。

我朋友小P是一名销售人员，他的专业功底非常扎实，跟进一位大客户也有小半年的时间了，这半年来他总是细心地为客户介绍产品的每一个细节，耐心地为对方解答每一个问题。在小P的不懈努力下，这家公司的项目负责人终于答应和他签约。就在小P满怀期待地准备第二天的签约仪式时，噩耗传来了，客户在前一天晚上和另一家公司签约了。小P托知情人打听，才知道原来双方前一天晚上一起吃了顿晚餐，席间，这位大客户和另一家公司的销售经理闲聊时，听说两人是老乡，聊得特别开心，事儿也就办成了。知情人问了小P一个问题："你知道你客户是哪里人吗？"小P这才愣住了，发现自己完全答不上来，因为这半年里除了工作的事情，自己从来没和对方闲谈过。

为什么小P这么长时间的努力，却抵不过饭桌上的一次闲谈？原因很简单，因为交情不够。很多人都像小P一样，"两耳不闻窗外事，一心只做手中活"，他们觉得闲谈就是浪费时间、浪费精力。每天有那么多事情需要做，哪有时间闲谈，只有闲人才会闲谈。其实闲谈没你想象中那么"闲"，它才是我们必备的社交技能。事情是死板的，可人是灵活的；事情是冰冷的，可人是有温度的。闲谈是连接人与人情感的纽带，也是打开对方心门的钥匙。

在一次闺密的聚会上，好友王蒙哭诉了自己的状况。自从她升级为妈妈后，由于夫妻俩都要上班，所以请了孩子的奶奶过来帮忙带孩子，结果才三个月就出现了"世界性难题"，那就是婆媳矛盾。三天一小吵，十天一大吵，一家人都精疲力竭，夫妻间的感情也亮起了红灯。说到这儿，王蒙的眼里充盈着泪水。这时，已经有两个孩子的宝妈梦梦立刻上前抱了抱王蒙，对她说："我非常懂你，婆婆和儿媳的关系很微妙，因为婆婆是我们不熟悉的亲人，虽然在称呼上也叫妈妈，可是毕竟存在文化、观念、习惯等不同的差异，磨合是肯定需要的，所以我给你的建议是，平时多和婆婆聊聊天。"王蒙很错愕："啊？这就是你的建议？你确定不是多干活之类的吗？"梦梦耐心地解释道："帮忙干活是应该的，但一定要多聊天。你想婆婆从老家来带孩子，放弃了自己习惯的生活环境，远离了亲朋好友，累了一天其实很闷的。每天闲谈一会儿，哪怕是聊聊菜价、聊聊宝宝今天乖不乖，对她而言都是很好的放松。通过闲谈，一是你可以了解婆婆的习惯、喜好，以及对待问题的看法，自然就加深了对她的了解。二是也可以体现你对她的关心。"王蒙听完后，连连点头称是。

大部分家庭矛盾都不是因为什么天大的事儿而产生的，

更多的是因为不能理解对方，才使矛盾日积月累，像滚雪球般越滚越大。要化解家庭中的矛盾，最好的方法就是每天抽些时间闲谈，加深彼此间情感的联结，这样就能轻松解决很多问题。这也可以解释，为什么热恋期的情侣、蜜月期的夫妻感情特别好。因为他们每天都喜欢腻在一起，聊一些轻松的，甚至完全没有主题、漫无边际的内容，随时加深感情。所以千万不要小瞧闲谈的威力。

那你可能要问，我们平时的闲谈有没有什么门道呢？当然有了，在这里给大家分享四个技巧，帮大家轻松搞定闲谈，开启高效社交。

第一招，静待时机，找准切入点。

就像世界杯进球时，需要找到一个合适的突破口一样，闲谈中选择一个对方感兴趣并且能接得上话的话题很重要。记得我刚入职场时，我的上司是一名女性，她气场强大、脾气大，在公司都是出了名的，和甲方开会说话偶尔也不留情面。所以，小伙伴们对我被分到她手下工作一事，默默表示同情。也正因为这些原因，最初每次和她汇报工作时，我都很紧张。不过，后来我发现，她每次上班都戴着很精致的饰品，于是我以时尚话题作为切入点和她聊。有一次，我看到她戴了一只很漂亮的手镯，便对她说："这款手镯好像是某个牌子的限量款，听说排队都买不到呢。"于是，她很开心、很骄傲地对我说："是啊，这是我在欧洲旅行时，很幸运地买到的。"接着，她和我聊这家店的品牌故事、聊工艺。以后的日子里，难得的工作闲暇之余，我俩还会聊口红、聊包包。我发现，我这位气场强大的女上司其实有一颗粉红的少女心，而她也没有像外面盛传的那样脾气大，至少没有对我发过脾气。所以说，闲谈能很自然地拉近彼此间的距离，当然对不同的人，闲谈时要筛选不同的话题。这里教给大家一句简单的口诀：遇到男人，聊时事与运动；遇到女人，聊时尚与减肥。如果你觉得太复杂，可以选择一个通用法则，那就是聊美食。

《康熙来了》的主持人蔡康永是一位非常厉害的聊天高手，他曾经这样说："爱旅行的人多吗？多，但没你以为的那么多。爱时尚的人多吗？多，但没你以为的那么多。爱吃的人多吗？多，而且比你以为的还要多。"所以聊吃的，在一般情况下都不会错，说不定通过聊吃的还能促成一次饭局，使双方了解更深入，感情也可以继续加深哦。

第二招，细心观察，真心赞美。

无论你来自何方，有什么样的学历背景，说话的方式和内容最能体现一个人的素质和教养。闲谈，不是辩论，不是唠叨，也不是批判，而是一次轻松愉悦的分享交流。当和一群人闲谈时，我们尽量不要当面去批判谁。也请一些逻辑严谨的男性，在和女性闲谈时，能把逻辑思辨力暂时丢到一边，营造一种轻松的聊天氛围。如果你真的不知道说些什么，就请你真心地赞美对方。需要注意的是，赞美对方要有诚意，那如何体现你的诚意呢？你可以先观察对方身上的某个细节，再进行赞美，比如你发现对方带了一块运动型手表，这时你就可以说："看你带了一块 × × 牌子的新款运动手表，说明你是一个坚持锻炼的人，生活方式很健康啊。"这时，无论对方是否真的在坚持运动，都无所谓了。因为从心理学上讲，对方受关注的需求已经得到了满足。赞美时我们可以采取的方式是："说事实，加推论，谈感受。"例如上面这个例子，事实是你看到了对方戴着运动手表，由此推论对方是一个坚持锻炼的人，感受是你觉得他的生活方式很健康。这样有理有据的赞美会比那些虚情假意的赞美格调高很多。这个技能你学会了吗？

第三招，信息时代，注重积累。

可以尝试在闲聊时，做一位"好奇宝宝"。在这样一个信息爆炸的时代，闲谈中我们总会遇到自己不了解的信息，所以闲谈也是一种信息交互的方式。当你和对方闲谈时，遇到不了解的话题，千万不要冷漠、不要装酷，而是要做一个"好奇宝宝"。例如，对某个游戏，也许自律的你从不会把时间用在玩儿这些游戏上，但你可以在周围的人谈论时适当了解一下，下一个场合当其他人谈论这个游戏时，尽管你没有玩过，也能接上话，而不至于在闲谈时让场面变得过于尴尬。比如别人说："最近'吃鸡'超火的，我特别喜欢，你喜欢吗？"然后你回答："我不喜欢吃鸡，我比较喜欢吃鸭子！"那现场尴尬的程度就不言而喻了。

当我们面对自己不擅长的领域时该如何接话呢？给大家介绍一个"好奇宝宝"的话术："哇，这个××这么神奇/好玩/特别/好看，你可以具体和我说说吗？"等对方说完，可以接上这样的话："哇，你真厉害，下次再有这样的好活动一定要带上我哦。"这样说话的好处是，对方会被你的热情所感染，激发出分享的欲望。如果你的回答是"我不会浪费时间去玩网络游戏的"，那这个"天儿"就极有可能被你聊"死"了。所以，大家在平时的生活中，要多积累信息，遇到不擅长的领域，更要做个"好奇宝宝"，这才会让人对你心生好感。

第四招，善于延展，发散思维。

所谓延展，就是抓住聊天信息中的关键词，发散思维，扩充出更多的信息。在对话中，要懂得捕捉关键词，抓住对方抛过来的核心信息点，理解深层含义，并进行延展。我们来分析两个案例。

案例一：你和客户见面的时候，你问客户："王总，你平时都怎么过周末？"他回答："我周末经常约朋友去侨乡体育馆打羽毛球，有时去紫帽山那边打高尔夫球。"你听完后，就要迅速剖析这段话里到底有几个信息点：

（1）他常驻的城市，生活的大概范围；

（2）他喜欢锻炼，而且喜欢约朋友一起去；

（3）他比较喜欢打羽毛球和高尔夫球。

迅速分析完信息点后，你就可以把这些信息点延展下去。比如可以继续谈这个话题："王总，原来您也喜欢打羽毛球，我大学的时候还是羽毛球校队选手呢。您住在泉州市区吧？我也是啊，您要是愿意，我们可以相约一起打球。高尔夫球我不是很在行，不过最近也正想学习，希望有机会多向您请教。"

案例二：你在常去的健身房里看到一位漂亮的女生，特别想认识她，于是你上前搭讪："我经常来这里，可是第一次见到你呀。"女生回答："我这个月刚从上海搬到厦门，我喜欢这座城市，空气比较好。"如果接下来你说："哦，好啊，健身房人挺多的，我一会儿要去抢一台跑步机。"这么说完，估计你们就没下文了。尽管你刚刚的那句话像是在做延展，可你延展的内容和她说的话无关，根本无法引起对方的兴趣和共鸣。那我们来分析下，女生刚才的这段话里到底有哪些信息点呢？

（1）她刚刚来到这座城市；

（2）她很在意环境和空气质量，对城市环境要求比较高；

（3）她喜欢海边城市，对厦门这个城市挺满意。

当你分析出这些信息点之后，你就应该这么回答："来到新城市，感觉有什么不一样呀？你有没有去过厦门的鼓浪屿、南普陀寺、曾厝垵，这些都是厦门的著名景点。我是地道的厦门人，有机会我可以做你的向导。"

延展的本质，是要基于真正的倾听。你是否把对方话里的核心信息听懂了，这也会决定你回答内容的匹配性和针对性。如果你能根据对方的信息点做延展，就能立马引起对方的兴趣，然后可以顺理成章地打开对方的话匣子。

说话慧有招

闲谈其实有门道，教给大家四个闲谈的好方法。

第一招，静待时机，找准切入点。找到一个合适的切入点引起对方的兴趣，比如遇到男人，聊时事与运动；遇到女人，聊时尚与减肥。还有一个万能话题，就是美食。

第二招，细心观察，真心赞美。与其假大空地赞美，不如来一个有理有据的细节赞美。赞美时我们可以采取的策略是：说事实，加推论，谈感受。

第三招，信息时代，注重积累。当对方聊到一个自己不熟悉的话题时，不要表现出漠不关心的样子，而是要做一个热情的"好奇宝宝"。你可以用到的话术是："哇！这个 × × 这么神奇／好玩／特别／好看，你可以具体和我说说吗？"等对方说完，可以接上这样的话："哇！你真厉害，下次再有这样的好活动一定要带上我哦。"这样说的好处是，对方会被你的热情所感染，激发出分享的欲望。

第四招，善于延展，发散思维。认真倾听对方说话，迅速剖析核心信息点，针对信息点回答，达到最高的匹配度，成功引起对方回答的兴趣，这是一个打开闲谈话匣子的好方法。

学会运用闲谈的技巧，你也可以轻松学会改变与人交流的态度和方法，拉近与同事、客户、家人和朋友等的关系，推进工作进度，改善人际关系。

有效社交第一步——与陌生人主动搭讪的方法

何谓搭讪？我们可以从两方面去理解：一是为了找陌生人解决问题，准备一些特定的开场白；二是为了打破某种尴尬局面，准备一个开场白。不过，在现实生活中，无论哪种形式的开场白，遇到的阻碍都不小。一方面，有的人性格特别内向、害羞，让他硬找一个话题和陌生人聊天，他会觉得特别尴尬，甚至手足无措。另一方面，每个人都有防备心理，对于陌生人的搭讪，大部分人都会敬而远之。想象一下，你走在路上，一个八竿子打不着的人跟你套近乎，你的心里会怎么想：他到底有什么目的？他是好人还是坏人？他说的话是真是假？因此，很多人都不愿意尝试和陌生人搭讪，可现实生活中，很多时候你又不得不主动和陌生人搭讪。

比如，你有没有遇到过这样的窘境：来到一个陌生的城市，按照网络地图怎么也找不到预订的酒店，大街上人来人往，一直踌躇该找谁问路。参加同学的婚礼或者相亲大会，发现对面有一个心仪的人，想搭讪却又害怕被拒绝。出门拜访第一次见面的客户，一路上琢磨了很久，想着要跟对方具体聊什么，但是到了客户面前，人家给了你时间，你却一时情急，不知道该怎么开头。参加一场行业内的高端晚宴，看到同行业的那些精英，你很想认识一下他们以拓展人脉，但就是不知道该怎样有效地主动出击。

所以在职场和生活中，有太多场合需要我们主动和陌生人搭讪。明明离对方很近，可就是觉得迈出第一步特别艰难。有句话说得很贴切，"世界上最远的距离不是我们远在天南海北，也不是生离死别，而是明明你就在面前，而我却不知道该如何开口"。

不敢与陌生人搭讪，最主要的原因是害怕被拒绝。其实，每个人都有与他人交往的渴望，甚至已经在大脑里思考了无数次该怎么开口，可转念一想：万一对方不理我怎么办？如果对方直接拒绝了，那我岂不是很没面子？一想到这样尴尬的场面，你还是放弃了，等别人来主动搭讪，于是就陷入被动等待的怪圈。这种被动心态，往往是没有结果的。

其实，搭讪并不需要你掌握特别难的技能，它不需要你具备"挽狂澜于既倒，扶大厦之将倾"的超凡能力，也不需要你有"上九天揽月，下五洋捉鳖"的雄心壮志，更不是要你变成"撩妹""撩汉"的情场老手，甚至不需要你迈开腿，而是仅仅需要你有勇气张开嘴。事实上，每认识一个陌生人，就增加一个机会成本。通过有效地与陌生人进行交谈，我们会有更多收获，比如收获爱情、工作、订单等等。如果你能学会一些搭讪的套路，那么开口和陌生人讲话，就没有你想象得那么难了，它是一门可以学习甚至练习的技术。曾经有人做过这样一个拒绝疗法的实验，就是不断向陌生人提出借钱的请求，在不断被拒绝的过程中，练出了"厚脸皮"，也练出了不怕被拒绝的胆量，这就如同医学中的脱敏反应。

瑞·达利欧在《原则》一书里也提到过，他年轻时看上了一套房，但是不知道房主卖不卖，也不知道自己的钱够不够买下，一直犹犹豫豫不敢开口，内心却一直很想买这个房子。想了很久，终于鼓起勇气，打电话给房主说出了自己的诉求，没想到房主一口答应，而且愿意贷款给他。后来，瑞·达利欧就经常对自己说：多问问没有什么坏处的。搭讪就是这样一个无本万利的事，因此你是不是也可以多试着搭讪呢？

我的朋友洛洛，是一位出了名的自来熟，也正因为如此，她的人脉资源特别丰富，在事业和人生的道路上也一直顺风顺水。俗话说得好，多个朋友多条路。如果连搭讪都不敢，如何结交新朋友？如何多条路？虽说洛洛常自我表扬"我是人见人爱，花见花开"，但客观来讲，她真是一个非常普通的女孩。一次，我忍不住问洛洛："为什么你和陌生人搭讪这么容易？"而洛洛的回答让我印象深刻："陌生人？在我的世界里根本没有陌生人，我的世界里只有两种人，一种是朋友，另一种是还没认识的朋友。"这句话真是让我不得不佩服。

现实中，像洛洛这么善于交际的人毕竟是少数，大多数还是像你我这样的普通人。我的另一个朋友小凯就是一个不善社交的人。一次，小凯走在公司大楼里，迎面走来了公司新上任的领导，小凯心想着：机会来了，正好可以在新领导面前露露脸，认识一下，可是与领导越走越近，小凯却半天都没憋出一句话来。最后，他只能假装没看见，默默地低头看手机和领导擦肩而过。我们都知道，在职场上，工作能力固然重要，但社交能力同样不可忽视。正所谓会做也会说才是真正的职场达人，关键时刻抓住机会，增加自己在公司的"能见度"尤其重要。

下次当你遇到需要搭讪的机会时，不妨像洛洛一样，首先记得调整心态，开口前，内心默念三遍"对方是我即将认识的朋友"。既然是朋友，聊个天能有多难，当你以一种放松的状态去搭讪时，对方是能感受到的，这样谈话的氛围就立刻不一样了。

当我们遇到特别想要认识的陌生人——哦！不对——当我们遇到那些还不认识的朋友时，应该如何搭讪呢？下面就为大家献上四个妙招。

第一招，开场用一个让对方可发挥的问题破冰。

人与人初次见面的时候，都会潜意识地躲在自己的舒适圈里，谁也不愿意迈出第一步。而"破冰"之意，正如打破严冬厚厚的冰层一样，是要打破人际交往间怀疑、猜忌的隔膜，跨越疏远的鸿沟。一次，我的同事石头参加了一场新书签售会。他特别喜欢这位作家，也特别希望能和这位作家面对面交流。石头好不容易挤到了作家跟前，结果一群人都围着作家，努力地和作家搭话：

"张老师，我好喜欢你写的书啊！"

"张老师，你的书写得太好了！"

"张老师，读了您的书，发现您真的太厉害了！"

面对这样的搭讪，作家张老师尴尬而不失礼貌地回复："谢谢，谢谢。"这时，轮到石头和作家交流了，他采用提问的方式来搭讪："您好，今天您的新书分享实在太精彩了，让我收获很多。在读完您的书以后，我有个问题一直想请教您，如果您能回答，我真的是太荣幸了。请问，当初是什么样的缘由促使您决定写这本书呢？"结果，这位作家不仅很耐心地回答了石头的问题，还很乐意让助手和他保持联系。其实，要搭好讪，就需要思考如何才能让对方顺畅地接话。如果你只说，"你好厉害，写的书真好"，难道指望对方突然主动说，"谢谢你，你也很厉害，要不我们交个朋友吧？"这样的可能性实在太小。我们之所以用提问的方式来搭讪，是因为提问往往能引起对方的兴趣，并能激发对方的好奇心。

"您好，您的发型真好看，在哪家做的呀？能把您的发型师介绍给我吗？""您好，您手上的这本书看封面就觉得有趣，我很好奇这本书的内容到底怎么样。""您好，您也是来参加培训的吗？您以前参加过类似的培训吗？我是第一次来参加这样的培训，不知道培训内容怎么样。"以上这些都属于破冰型问题。问题提得越简单越好，重要的是能让对方接得了话，并且能有自由发挥的空间。

第二招，用"两答一问"的方式回答对方的问题。

当我们和对方交流时，对方很可能也会提问题。很多人在回答对方的问题时，往往会回答得非常简单，这样对方就很难接话，聊天也会很快戛然而止。针对这样的情况，有什么好的破解办法呢？下面教给大家一个回答陌生人问题的技巧——"两答一问"。

例如，上文中，张作家在回答完石头的提问后，也问了石头一个问题："你看完我的书，有什么收获吗？"一般情况下，很多人会这样回答，"嗯，收获挺大的"。但这样回答的话，作者应该就不会和你继续交流了，因为你的回答实在是太笼统了。我们来看看石头怎么回答的，他选择用"两答一问"的方式回答："嗯，这本书真的给了我很大的启发，特别是书中的工作技巧，我将它运用到日常工作中，我的工作效率明显提升了很多，连老板都夸我最近变得能干了。这些技巧特别具有实操性，请问您是根据自己的工作经验总结出来的吗？"你看，石头的回答不仅表明了自己阅读作者的书收获很大，还表明了书中提到的工作技巧在他工作中所起到的作用，最后，他又提出一个问题将话题转交给对方。同样是回答对方的问题，"两答一问"不仅能回答对方的问题，而且可以让对方在此话题上进行延展，让对方接住话题，从而实现进一步的交流。

第三招，寻找共同点或相似经历，赢得深入交流的机会。

人类学家罗纳德·科恩曾讲过这样一件事。在纳粹集中营里，要是有一人犯规，守卫便会让所有排队的人报数，报到10的人就会被杀掉。有一次，守卫却并未向第10个人开枪，反而转身朝第11位囚犯开枪。这是为什么呢？是因为第10位囚犯身体健壮，是优良劳动力，还是他过去表现一直很好？都不是。守卫给出的答案很简单，因为他认出第10位囚犯是自己的同乡。人们对同乡、校友等往往有兄弟姊妹般的特殊情怀。这是因为同乡、校友往往代表着共同的经历，而有共同经历的人更容易了解彼此。这就类似于，只有创业的人，才知道创业时期的焦虑；只有生了宝宝的女人，才能体会带娃的不易；只有出国留学的人，才能体会身处异国他乡的孤独。

不相识的两个人，因为找到了共同点或相似的经历，就像是突然在两人中间放了一块磁铁，会瞬间拉近他们的距离。再如上文案例中，石头对张作家说："您在书中提到四姑娘山，您到那里旅游过，对吗？"张作家回答："不仅旅游过，而且我本人就是四川人。""真的啊，实在太巧了，我也是四川人，那您也喜欢吃辣吧，我知道这附近有一家特别地道的川菜馆。"当搭讪到了这一步，石头就已经在众多粉丝中脱颖而出了，因为他和张作家已经建立了统一特质，产生了情感连接。两个人若拥有同样的特质，相当于两者的电波同频，而且只有他们才能相互感应到。

第四招，巧妙观察，从对方的需求入手。

有一句话说得好，"所谓有人脉，不是指多少人能帮助你，而是你能帮助多少人"。积极主动地帮助别人，永远是收获好人脉的最佳办法。当然，这个帮助也不是随意乱帮，别人要的是一个苹果，你给人家送了一车芒果，而对方恰好一吃芒果就过敏，这样你反而帮了倒忙。我们应当积极观察对方的需求，从对方的需求出发，积极给予对方帮助。

在上文案例的最后，石头发现张作家这次新书发布会用的PPT，有些页面制作略显粗糙，于是他说："说了这么久，我还没介绍我的职业呢。我是专职做PPT的，有时也会给企业做培训。如果您以后有需要我的地方，尽管开口。"张作家一听特别开心："实不相瞒，我这次的PPT就是自己做的，配色动画都很一般，做的过程特别痛苦啊，要不下次请你帮忙做一个专业的？"石头当然欣然接受了。这样一来，一个简单的搭讪就让双方都收获满满。

再给大家讲一个我的闺密琳达的故事。在一场行业内的高端晚宴上，琳达不经意间发现一位特别优雅的女士的脚后跟被高跟鞋磨破了。刚好琳达随身携带了创可贴，于是她主动过去搭讪说："您好，我是琳达，我看到您的脚后跟磨破了，应该很不舒服吧？刚好我带有创可贴，希望能够帮到您。"对方先是一愣，然后笑着欣然接受了琳达的帮忙，还跟琳达做了进一步交流。后来琳达才知道这位女士是一家大公司的总裁，之后她邀请琳达到她的公司上班，成了琳达职场上的贵人。

很多人害怕搭讪，是因为对社交有一定的误解，觉得社交都很功利，往往伴随着利用、索取的目的。其实选对搭讪的方法，通过社交实现信息交互，彼此相互帮助、相互支持，是可以实现双赢甚至多赢的。

说话慧有招

主动与陌生人搭讪是实现有效社交的第一步。如何跨出这关键的一步，本节给你几大法宝：一个积极心理暗示和四个妙招。

一个积极心理暗示：搭讪前要在心里告诉自己，世上没有陌生人。

四个妙招：

第一招，开场用一个让对方可发挥的问题破冰。

第二招，用"两答一问"的方式回答对方的问题。

第三招，寻找共同点或相似经历，赢得深入交流的机会。

第四招，巧妙观察，从对方的需求入手。

其实搭讪的重点不在于说什么，而在于怎么说。在短时间内，你们无法做到彼此的深入了解，但你可以通过得体的言谈举止向对方展示，你是一个值得交往的人。大家千万不要小看搭讪，因为所有伟大的友谊、深厚的交情都可能源于一次普通的搭讪。搭讪是有效社交的第一步，让我们用真心与真诚敲开对方的心门吧。

04 分别时如何优雅地说再见

　　无论是在生活中，还是在职场上，我们常常被师长、前辈们教导，要给别人留下良好的第一印象。然而，你知道吗，在人际交往中，掌握如何说再见的能力和留下好的第一印象的能力同样重要。如果说，第一印象是我们人际交往中打开他人心门的一块敲门砖，那每一次分别时的再见就是在对方心中埋下一颗思念的种子的重要方式。得体、用心的道别会开出想念的花朵，而糟糕的道别可能会埋下一颗厌恶的种子，甚至会成为你们关系破裂的导火索。所以掌握神奇的告别法则，能让你在人际交往中真正掌握主动权。

　　或许你会觉得疑惑，再见会和第一印象一样重要吗？

答案是肯定的。因为第一印象只有一次，它是我们对于一个人片面而肤浅的了解的开始，而道别则是我们与人相处的过程中会不断重复的行为。好的再见会使我们的关系在每次告别中愈加深厚。

随着科技的进步、信息的畅通，人与人之间的相见变得越来越容易，因此，不知从什么时候开始，我们的告别变得越来越没有仪式感。在地铁里，一边低头玩手机，一边和身边要下车的朋友随口说一句"拜拜"；即使一年到春节才回一次家，到和父母分别的时候，也常常只是敷衍地说句"我走了"，就头也不回地离开；在手机上，和朋友聊了一晚上的天，一句"我去洗澡了"，就再也没有下文了。是不是因为现在相见很容易，所以我们的"再见"才变得如此敷衍？把时间的指针拨到一千多年以前，王维在送别朋友元常去安西都护府（今新疆维吾尔自治区库车县附近）时，用"劝君更尽一杯酒，西出阳关无故人"来送别，体现了与友相别的担忧之情；李白写送别之地是"天下伤心处，劳劳送客亭。春风知别苦，不遣柳条青"，这是与友人说"再见"时的惜别之情；柳永与情人在舟上惜别时说"执手相看泪眼，竟无语凝噎"，这是与爱人分别时的伤怀之情。木心的诗里也说，"从前的车马很慢，一生只够爱一个人"。在古代，多少离别竟都是此生的诀别，所以古人对离别很重视，而现在有了飞机、高铁，即使相隔大半个地球，十多个小时的时间，我们也能很快与人重逢。

然而，这是不是就能成为我们敷衍了事、随口说"再见"的理由呢？当然不是。

学会好好道声"再见"，会让你与亲人、朋友的关系更紧密，会有后面一次又一次的再见、相聚；不会好好说"再见"，有可能再也没机会说"再见"，因为对方可能再也不想与你见面，也有可能因为一场意外，此生难再见。问起一生中最遗憾的事，总有人说，我没来得及见我爸（我妈）最后一面是我一辈子最大的遗憾。为什么？因为上一次离别的时候，没有好好地和父母告别，总以为来日方长，死神却突然扯走了你与父母连接的那根线。在你毫无准备的时候，这根线突然断了。告别明明是那么简单的事情，我们却让它变成了遗憾。因此，好好说再见，不仅仅是一门语言艺术，更是我们更好地面对人生的一种思维方式。

和男朋友／女朋友吵架，你俩闹得很不愉快，撕破脸皮时，你大声怒吼："你走啊！走了就再也别回来！"对方拿起行李，摔门而去。你以为对方会回来，可他／她却再也没有回来。后来，冷静下来，你心里想，怎么会这样呢？还没有认真说分手呢，也没有好好说再见，在一起那么久了，有那么多美好的点点滴滴，怎么会没说一句再见就走散了呢？然后，你辗转听说他／她有了新的对象，对方体贴而周到。对方最终成了你最熟悉的陌生人，你心里挺懊悔的，但如果那个时候能好好地说再见，可能会有一个完全不一样的结局。可是没有机会了，你只能在电影院里独自一个人看完浪漫的爱情电影，听着那首与他/她相爱时最喜欢的歌曲，泪流满面。是啊，明明可以好好地说再见，体面地告别，我们却没做到。当你幡然醒悟时，对方却已经有了新的生活，那句没有说出口的再见，便成了你心里的一根刺，不经意地触碰到，总会刺痛你的心扉。

上面说的是亲密关系中的道别，而对于接触不多的人，甚至是第一次见面的人而言，优雅地说"再见"，又有什么重要的意义呢？当一个陌生人走进你的生活，你可能无法预知对方会在自己今后的人生中担任什么样的角色，他可能会成为你的上级，可能会成为你的合作伙伴，可能会成为陪伴你一生的挚友，甚至可能会成为你一生的伴侣。这样一个充满无限未知可能的陌生人，在你第一次和对方说"再见"之后，可能永远不相见，也可能会成为你生命中越来越重要的人。再见——不仅是礼貌性的行为，更能传达你渴望再次与对方见面的心情，当然要在彼时彼刻将心意表达给对方。那个未来和你有无限可能关系的人，在你边低头玩手机边敷衍地说"拜拜"时，就丧失了继续的可能。糟糕的再见，是一种诀别，你的满不在乎和不懂表达可能会让你错过那些充满无数未知的可能。那么，该如何优雅地说再见呢？技巧有三。

第一招，真诚地表达感受。

真诚、真实的情感表达是高质量说"再见"最关键的一步，也是人与人之间持续沟通最重要的桥梁。我们中国人相较于西方人而言，情感的表达，尤其是负面情感的表达非常克制。在大众的思维里，我们总是习惯于掩饰自己的负面情绪，比如悲伤、失落，但要知道适当表达负面情绪，能让我们身边的人更了解我们，也能使相互间的关系更加密切。当你道别时，如果真的很舍不得对方，就大胆说出来，把那份依依惜别的情绪表达出来，不要刻意隐忍。当你说出"我真的舍不得你走""你走了我会很想你的"这些话的时候，对方接收到你的情意自然会被打动，彼此的关系在告别时反而会升温，利于以后保持联络、密切关系。

第二招，专注对方。

认真对待每一次告别，毕竟你既不知道这样的分别会是后会无期，还是会有奇迹发生。与人面对面告别时，一定要一心一用。三心二意，或者眼神飘忽，哈欠连天，注意力不集中，都会给人一种敷衍的感觉。不管你们刚才的交流多么畅快、富有成效，如果你在道别时敷衍了事，对方一定会在内心给你打上"差评"，那么刚才苦心交流的成果也会大打折扣。所以道别时，要收起自己的手机，要和对方有眼神的交流，要在此刻把所有注意力都放在对方身上。在正式场合道别时，要力度适中地和对方握手，如果是关系很亲密的朋友，可以好好拥抱一下，肢体和眼神的接触会传递彼此的温度，给对方留下好印象。

现在，最经常出现的告别场景不是在公司、咖啡厅、电影院门口、站台、机场，而是藏在我们手机上的社交软件里，藏在一个个格子大小的聊天对话框里。用手机告别实在很频繁，但这种线上交流完毕时说的再见，看似随意简单，却愈见人品。不走心的"再见"，像一杯兑了水的假酒，没味道不说，还可能让人如鲠在喉。有一阵子微博上有人提问："你觉得现代社会什么样的人可以被称为生命之光？"跟帖最多的回答是："在线沟通时，他能够秒回消息，并且每一条消息都认真回复，不在线也会给你说明情况的人，真的是生命之光了。"这从一个侧面说明，现在在我们的生活中，有很多人是消息回着回着就没了下文、不见人影了的。这种情况的发生，究其根本原因，还是我们越来越"随性"，越来越不把好好说"再见"当回事了。如果你能做到专注地和每个人告别，认真地和对方说"再见"，目送对方离开，实在是让人好感度大大提升的举动。换位思考一下，如果与人分别的时候，对方认真地看着你的眼睛说再见，然后目送你离开，你走了好长距离回头时发现他还在热切地望着你，你是不是会觉得特别暖心，觉得在对方心中你是很重要的存在呢？

第三招，善用"期待"。

"再见"这个告别词很特别，不像"拜拜""慢走"，它包含着对下次相见的期待。人与人之间关系的密切，一定是因为有高质量的互动，你期待与我再次见面，我也会忍不住想和你继续交往。所以，在与人告别的时候，多使用一些带有期待色彩的词语，会加强对方的心理暗示，让对方觉得你格外亲切热情，觉得你热切期望双方能有更多的交往和互动。比如多用"盼望""希望""保持联系"这样的词语，会让告别传递出你的期待与渴望。

"再见"实在是我们日常生活中出现的高频词汇，不过正因为太过于高频，所以我们常常会忽略它的重要性，漠视它背后所藏的契机——有效实现与人相处过程中的情感转换和升级。好好说再见，不仅仅是我们人际交往的助推器，更重要的是，它是一种认真的生活态度。从现在开始，请记住"真诚表达感受"—"专注对方"—"善用期待"这几个关键词，把每一次告别都当作一场重要的仪式，认真对待你生命中遇见的每个人，认真对待你的生活本身。

超级慧说话
——一学就会的场景沟通和表达法

说话慧有招

　　让我们一起来总结一下优雅说"再见"的三大妙招。

　　第一招，真诚地表达感受。在与人告别的时候，我们需要做到的最重要的一点是勇敢表达自己的真实感受。很多人在道别时，担心直白地表达内心的不舍与悲伤，容易让气氛陷入伤感的循环，大家更喜欢保持场面上的矜持。事实上，主动表达自己的不舍、难过，或者开心与收获，都能增进感情。

　　第二招，专注对方。父母经常教育我们学习要认真，这种"认真"就是用心，就是专注。告别也需要认真、用心、专注。不够"专注"的告别，会让人闻到敷衍的味道。放下手机，放下手边的事情，用最专注的态度去面对与他人的每次告别，相信对方会为你的专注、走心加分。

　　第三招，善用"期待"。在告别的时候，多用带有期待色彩的词语，比如"期待""希望""保持联络"等。这些词语有神奇的魔力，可以大大加强对方的心理暗示，让对方忍不住想和你继续交往。为什么能有这样的效果呢？因为第一点，它可以表达你对下次见面的期待、渴望和喜悦的心情。第二点，期待下次可以见到更好的对方。让告别不只有悲伤，还有激励、支持的色彩。

038

第二篇

说出家庭幸福感

生命早期，父母陪伴的缺失，会给孩子的心理发展造成难以弥补的缺憾，也会给良好亲子关系的建立竖起难以攀越的障碍，这也注定此家庭生活的幸福感指数不会太高。虽然现在越来越多的家长愿意花时间陪伴孩子，但因为缺乏有效的沟通和互动，很多陪伴成了虚设，使得"隐性失陪"的社会现象愈演愈烈。孩子慢慢长大，和父母的代沟也越来越大，经历叛逆期、青春期、迷茫期，和父母在同样事情的看法上可能相去甚远。又或者总是被"别人家孩子"的阴影所笼罩，父母的良苦用心，在孩子的眼里是压迫和暴力，从而使双方无法沟通。长大后的你，是否也渴望拥有良好的沟通方式，能解开和父母间的心结，与父母更加愉快地相处？

　　除了亲子关系上的沟通问题，伴侣间和婆媳间的家庭沟通也是大家急切想了解的方向。有句话叫"家家有本难念的经"，很多人羞于说出自己家庭的矛盾，却渴求找到宣泄的出口和改善的方法，我身边有很多人会就各类家庭问题向我询问：在一起时间久了，感情变淡了怎么办？我和我婆婆经常因为照顾孩子的事情吵架，怎么办？这些事情看似鸡毛蒜皮，实际上却隐藏着大地雷，一触即发。希望你看完本篇后，有所感悟和启发，期待你的改变和收获。

05

尊重父母的说话之道

　　每个人的童年生活中，都有一个"别人家的孩子"如影随形；每一个人的成长过程中，都伴随着父母的"为了你好"。

　　你在童年的时候，有没有过考试成绩不好不敢进家门的经历？你站在家门口，犹豫了很久也不敢进去。最终，你咬了咬嘴唇，下定决心踏进家门。本想偷偷溜回自己房间，却还是被妈妈叫住了。妈妈拿过你手中的卷子，首先看分数。你偷瞄了妈妈一眼，明显感觉到妈妈的表情"晴转多云"。突然听到妈妈高分贝的呵斥声，"居然才考了这么点分数？你上课是不是又没有认真听讲？你看看张阿姨家的孩子，每次都考高分，一点儿都不让家长操心。你说我一天天起早贪黑的为了谁？你怎么就不能给我争点气……"你低着头，不敢出声，直掉眼泪。妈妈训斥完后，通常还会补上一句："我说这么多，都是为了你好。"

事实上，父母都是如何来表达对孩子"好"的呢？有调查显示，在中国超过九成的父母都会用带有攻击性的语言与子女进行沟通，强硬地干涉子女的学习、工作和生活，一定要把自己的理想变成孩子的理想。传统的中国父母认为，孩子有好工作、高收入、社会地位才是成功，而不会认为家庭和睦、孩子快乐也是一种成功。所以，他们选择牺牲自我，"就算你恨我也好，只要你有出息就行"。只是这里的"有出息"和"成功"，必须是他们所认定的。

而这样"自我牺牲"、为孩子"好"、为孩子"成功"的父母数量庞大，通常可以分为两大类。一类是经常抱怨孩子，说出来的话永远是充满指责和负能量的。孩子得不到尊重，又时常因为父母的抱怨而感到自责，觉得自己很笨，做不好事情，自卑心理与日俱增。还有一类父母，包办孩子所有的事情，明为呵护有加，实为宠溺无度，喜欢控制孩子。这些孩子长大成人后，心理上还是没有"断奶"，变成了"妈宝""啃老族"，从生活起居到工作安排，甚至结婚生子，都要由父母安排得妥妥当当。在这种理所当然的心态下，孩子又如何会拥有感恩之心呢？

此种情况下，父母和孩子间常常沟通不畅，相互不理解，其后果轻则是父母与孩子之间偶尔吵架，家庭生活不和睦；重则会造成严重的"原生家庭伤害"，导致孩子缺乏自信，不能拥有正常的婚姻家庭、工作和生活，又或者父母与子女之间最终形同陌路，甚至互相仇视。

我有一位好朋友小白，从小到大都是乖乖女，对父母言听计从。父母说东，她绝不往西。小白学习一直很努力，从小就成绩好，这也让她父母的亲戚朋友们都非常羡慕。又听话，学习成绩又好，就连青春叛逆期都好像从来没有过，所以父母常常在外人面前夸小白是个乖女儿。可谁都没想到，乖女儿也有叛逆的一天。大学毕业后，小白带着男朋友回家见自己的父母，这可让她的父母心里不是滋味儿。这男孩相貌平平，个子也不高，进门连话也不会说几句。一问下来，才知道这男孩也是刚毕业，工资比小白还低一点，和另外三个同事在外租房住。他们怎么也想不通，女儿怎么会看上这么个人。父母二话不说，立刻要求小白和这个男孩分手，不然就断绝关系。让他们万万没想到的是，一向乖巧的女儿不知道是着了什么魔，居然和他们大吵了一架，摔门而去。

小白找我倾诉，她不理解为什么父母逼她做这种艰难的抉择，一边是相恋多年的男友，一边是含辛茹苦的父母，选择哪边她都会受到伤害。后来，小白说，她哪边也不选，要到一个陌生的城市重新开始。

你身边的朋友有没有遇到过和小白类似的情况呢？如果你是小白，你会如何与父母沟通呢？你有没有觉得和父母很难沟通呢？客观地说，这些问题很棘手，因为我们很难改变父母的观念和行为习惯。可是，为了更好地收获和睦的亲子关系，不管喜欢不喜欢，主动还是被动，我们都可以通过学习良好的家庭沟通方法来改善关系。那么，如何和父母说话，才能既坚持自我又让父母感到暖心呢？本节要跟你分享以下几个妙招。

第一招，戴上父母的老花镜。

每个人都是透过一副又一副不同的眼镜来看这个世界的，经过镜片的折射，我们就看到了不同的光影。"戴上父母的老花镜"，就是说我们不妨换个角度，站在父母的视角看待问题。在这里，我想先谈谈我们为什么有时会觉得父母说的话特别不中听。作家老幺曾经说过："老一辈父母，自己吃过什么苦这辈子都忘不了。自然影射在教育态度上时，爱会显得有些'笨拙'。就像湿棉袄一样，穿上，太沉；不穿，太冷。"中国式的父母就是这样，特别是20世纪五六十年代出生的父母，他们经历过困难的时期，所以对很多事情的看法就特别实用主义。比起"诗与远方"，父母们更在意"眼前的生活"。他们怕子女在社会上吃亏，担心"骄兵必败"，所以就要不时"敲打"一下，好让子女变得更加坚强。这种心理映射在行为上，就是他们总是用攻击性的语言来表达呵护。父母当年没能学会爱的语言，我们要包容和理解他们。所以，当父母用很严厉的方式和我们沟通时，我们可以从父母的视角看问题，为他们的行为和语言找到一个正面的解释，并且表达出来。比如，你在父亲生日时，买了一台挺贵的剃须刀送他，但父亲反而骂你败家，如果你说"好心当成驴肝肺"，扬言下次生日再也不给他礼物了，你的父亲会不会很失落呢？其实，你可以这样说："您是觉得我赚钱不容易，不想让我花这么多钱吧？我明白，但您对我很重要，我希望爸爸用点高档货，改善一下生活质量嘛。"再比如，网上流行的一个段子，"有一种冷叫作你妈觉得你冷"，一到冬天，你妈妈总是唠唠叨叨，非让你穿上秋裤不可，你可以这样说："妈，您嘴上说的是让我穿秋裤，其实我知道是怕我冻生病了。您放心，我会注意保暖，会照顾好自己的。"这样，通过戴上父母的老花镜来表达你对父母的理解，效果是不是就好很多了呢？

第二招，客气地画一条"三八分界线"。

我们每一个人的内心，都有一条看不见的分界线，画好了属于我们自己的心理领地。受到我们邀请的宾客才能顺利进来，而那些不速之客，则会让我们心理的"边防警察"如临大敌。即使是父母，一旦强行闯入我们的心理领地，我们也会感到不舒服。遗憾的是，中国父母的边界感普遍不强，所以才有爸爸非要帮女儿挑老公、妈妈非要说儿媳洗碗不干净这类事情发生，而这些都是越界现象。我们的父母就是在这样的环境里长大的，他们很难接受父母和子女之间还要有边界的观点。如果他们很开明你要感恩，如果碰巧他们就是很传统的中国父母，你也不能强求，但可以温和而坚定地告诉他们你的"边界"。

当父母无意识地入侵我们的心理领地时，我们要有策略地坚守，然后请求父母来支持我们。比如，妈妈嫌你不肯自己打扫卫生，却花钱买了扫地机器人时，你可以这样说："老妈，对我来说，让机器人打扫房间可以让我有更多时间休息，以更好的状态面对工作。我知道这和您的生活习惯不一样，但我知道你也会理解和支持我的生活节奏的，您也不希望我太累，对吧？"再比如，女孩子化了美美的妆正要出门，爸爸一看不高兴了："你浓妆艳抹的，像个什么样子！"你帮这个女孩子想想可以怎么回应。其实可以这样说："老爸，化妆可以让您女儿更有自信、更加开心。我明白您可能有些看不惯，但我知道您肯定会支持我，让自己每天的生活都变得开开心心。"这样既表明了"这是我的生活"的含义，又寻求了父母对自己的支持，比争吵更容易让父母接受。

第三招，诚恳地表达感激。

世界上最遗憾的，就是用恨的语言表达爱，特别当这个人是你的父亲或者母亲时。父母有时会用嫌弃、否定的语言，来表达对你的关心。当然，这往往让你感到很不愉快。不过爱的方式有对错之分，但爱本身却从来都不会说谎。通过本节的学习，你应该更加明白父母为什么说话不中听，也应该更加明白父母其实比你想得更爱你。那么，不管何时，都不要忘记在谈话结束的时候，表达你对他们的感激。他们提了好建议，当然值得感激，即使他们和你观点相左，你也起码要感激他们对你的关切。所以，不要害羞，要勇敢地把爱表达出来。比如："虽然我和您想得不太一样，但我明白您也是提醒我要注意这件事，外人肯定不会跟我说这些的，感谢妈妈（爸爸）。"或者还可以这样说："关于这件事，我还有一些别的考虑，但是我感受到了您对我的关心，谢谢妈妈（爸爸）。"这样暖心的话，想必父母听了也会有小小的感动。

说话慧有招

对于本节"尊重父母的说话之道"，我们一起盘点一下都收获了什么。

第一招，戴上父母的老花镜。从父母的视角看待问题，为他们的行为和语言找到一个正面的解释，并且表达出来。

第二招，客气地画一条"三八分界线"。温柔但坚定地守护我们的观点，然后请求父母来支持我们。

第三招，诚恳地表达感激。不管父母的观念和想法与你的是否一致，他们对你说这些话本身就值得感激。

大家可以多多尝试这三招，做一个坚持自我、暖心体贴的宝宝吧。当我们长大成人，特别是有了自己的小家庭时，父母便成为我们生活的一部分，但我们却是他们的全部。最能伤害到我们的，可能恰恰是我们最爱的彼此。从今天起，学会这三种爱的语言，一点一点地来影响你的父母，收获更加和睦的家庭吧！

06

化解婆媳矛盾的沟通方式

　　大家有没有发现这样一个普遍现象：我们身边结了婚的女人，很多时候也包括我们自己，在扎堆聊天的时候，不管是从什么话题开始的，聊到最后，都无外乎两个话题，要么谈孩子，要么就是谈婆媳关系。如何化解婆媳矛盾，还真是个千古难题。

　　有句话说："女人何苦为难女人！"可一旦婆婆遇上媳妇，就像火星撞地球，总难免"擦枪走火"。现实中，无数的女人都无法逃脱婆媳矛盾的怪圈，轻者面和心不和，重者吵嘴打架，闹得天翻地覆，甚至直接导致婚姻破裂的悲剧发生。这不是危言耸听，我身边的例子比比皆是。

　　要化解婆媳矛盾，我们首先得分析这个千古难题出现的原因。时常有朋友在我面前抱怨婆婆的种种不是，不少朋友一说起婆婆，都会表达出相同的无奈、抱怨的情绪，甚至会有些小愤怒。我做了这么多年的闺密之友，细细总结，大致分析出以下几类导致婆媳矛盾产生的原因。

一是饮食理念不同。婆婆觉得在家吃才健康，而年轻人喜欢出去吃，认为省事儿且有情调。有位好友对我说："我和我老公约着要出去吃顿火锅，我婆婆非得说火锅是垃圾食品，不健康，硬让我老公留在家里吃饭，把我气得不行。好不容易要出去约会，就这样被她打扰了，她根本不懂什么是情调。"

二是生活习惯不同。大部分婆婆都非常节俭，不舍得把旧东西扔掉，媳妇则更喜欢购置新物品。还有朋友在我面前抱怨："家里放了一大堆没用的、老旧的东西，我婆婆还不让我扔掉，说什么老物件她要留着。搞得家里就像个废物回收站，到处都脏兮兮，我简直看不下去。"媳妇从一个生活了二十多年的家庭进入一个全新的家庭，会发现新家庭的很多生活习惯和观念是和自己娘家完全不同的。

三是育儿观念不同。婆婆们多半采用她们年轻时育儿的方法和经验，教育孩子的观念也比较传统老旧，年轻的媳妇则希望采用与时俱进的科学育儿方法来教育孩子。另一个好友这样说："我婆婆给宝宝裹了几层厚厚的衣服，还一直说宝宝怕冷，我真是服了，教她她还说老人家的方法都是对的。"

四是来自历史的原因。这其实是很多婆媳矛盾产生的根源。在旧社会里，媳妇的地位比较低，有句话叫"多年的媳妇熬成婆"，很多人当上了婆婆后，就有了一种天然的优越感，潜意识里便觉得该好好管管自己的儿媳妇。毕竟，当年自己还是小媳妇的时候，也是被这么压制过来的。一些婆婆不但干涉儿子的生活，还对媳妇的行为等方面指手画脚，各种评判。到了今天，男女地位比较平等，但作为长辈的婆婆还一心想执掌家庭大权，当自身的权力、地位受到威胁的时候，就会心生不满，开始找碴儿。比如，之前都是自己照顾儿子的生活起居，可儿子结婚后，基本上什么事情都听媳妇的，婆婆自然会非常不适应。加上有些"妈宝男"的存在，婆媳矛盾的种子就开始萌芽了。

总之，你喜欢吃辣的，而婆婆喜欢吃点清淡的；你喜欢吃有嚼劲的，而婆婆喜欢吃软一些的；你喜欢打扮得时尚性感，而婆婆喜欢朴素，也希望你穿得素净、端庄；你希望让生活更有品质，而婆婆希望你多存钱；你希望周末睡个懒觉，而婆婆希望你勤俭持家……面对这些差异化，你该如何处理婆媳关系呢？要知道婆媳关系的好坏，直接影响到整个小家庭的和谐。

对于这个问题，你是不是一脸懵，或者认为婆婆年龄大，还是长辈，为什么就不能胸怀宽广，像自己的亲妈一样处处包容自己呢？

你如果这么想，还真错了。

因为亲妈和婆婆，虽然都称为"妈妈"，但是你心里一定要清楚，在婆婆面前，你是媳妇，不是女儿。从情感因素来看，媳妇和婆婆毕竟没有血缘关系。媳妇进入这个家庭之后，婆婆尽管没有说出来，但内心对你是有要求和期待的，而且对你这个家庭新成员的期望值是非常高的。一旦媳妇的表现不尽如人意，她内心原本对你过高的期望值就会瞬间垮塌，内心的抱怨和隔阂也会递增。

你或许还会想，凭什么对我这个媳妇要求那么多呢？如果你陷入这样的思维陷阱，那么婆媳关系就会真的很难相处。那么，婆媳之间究竟该怎么相处，婆媳矛盾究竟该怎么化解呢？其实，总结一句话，要化解婆媳矛盾，说难也难，说简单也很简单，最重要的还是需要有效沟通。我们可能很难改变婆婆，那么不妨试着去改变自己。我根据自己多年的经验，特地为大家总结出了几个化解婆媳矛盾的好方法。如果你学会了以下几招，相信你和你婆婆的关系会有很大的改变。

第一招，学会赞美，表达感激，适度讨好。

在家庭中，嘴甜点儿真不是一件坏事。特别对长辈多说点好话，甚至多夸奖赞美，关系立马会变得不一般，谁会拒绝听好听的话呢？可是有很多人会说，我都没发现我婆婆有什么优点，她一天到晚地针对我、抱怨我。人啊，不可能只有缺点没有优点，只是你缺少了发现美的眼睛。如果你设身处地从她的角度去想，就会发现她的优点了。比如，婆婆不让你们出去吃饭，而是做了一桌好菜，这证明她的厨艺特别好。比如，婆婆给宝宝穿很多衣服，证明她细心而且关心宝宝。比如，婆婆留着很多东西舍不得扔，证明她有节约勤俭的优良传统。是不是优点就出现了？如果你婆婆煮饭很好吃，请你不遗余力且非常直白地告诉她："妈，您煮的菜真好吃！"如果你婆婆帮着带孩子忙前忙后，请你真诚又欣慰地告诉她："妈，您真细心，把孩子照顾得很好。"如果你婆婆和老姐妹一起在跳广场舞，请你很欣喜地告诉她："妈，您跳得特别好！动感十足啊！"经常使用肯定性的词句，增加赞美的含金量，对方听了会很开心。当然并不是让你说违心的话，只是在一定程度上增加一些更加肯定的字眼，更好地表达赞美罢了。

如果你觉得赞美的话说不出口，最起码表达感激是需要的。婆婆虽然是家人，但她做的每一件事都不是理所当然的，她也需要理解和感激，哪怕说上一句"谢谢妈，感谢您为我们做那么多事情"，她听到后一定也会觉得自己的付出是值得的。至于适度讨好嘛，很简单，就是你在给自己的妈妈买礼物的时候，也想着给婆婆买一份。多细心观察她的日常生活，抽时间陪陪她，满足一下她的愿望，一点点的关心都会让她记在心里的。请记住：重要日子要表示，比如母亲节、妇女节、每年的生日等等。期待你有所收获，成为一个会赞美、会感激、会讨好的小媳妇。

第二招，学会尊重，给足面子，不要计较。

心态摆正，不要急躁，尽量大事化小、小事化了。作为长辈，他们最需要的是晚辈的尊重，很多矛盾的产生，并不是由于某件事情本身导致的，而是由态度导致的。婆婆作为长辈，她对自己的权威感和安全感有界定，一旦你与她产生争执，她自己的权威感和安全感便受到了冲击和质疑。更何况，一旦两人吵架，情绪更容易激动，往往会说出刺激对方的狠话。大部分的婆婆都不会恶意去对待媳妇，她的本意可能只是希望表达自己的看法，也更多希望媳妇变得更好。只是有时候她说话的方式不中听，让你火冒三丈，或者她的处事方法你很不屑，便很直接地反驳，这样矛盾就出现了。如果你当下真的气到不行，无法控制自己情绪的话，教你一个方法，叫"阳台效应"，其实就是一个缓兵之计，借故离开现场，到阳台去独处一会儿或者离开家去外面转转，让自己冷静下来。因为暴怒之下说的话一定很刺耳，而且会加剧矛盾。出门之前，可以对婆婆说："妈，我出去一趟，晚点等我问清楚情况再回答您。"

其实，我认为和婆婆吵架是一件很蠢的事情，因为两个人立场不一样，最后总是会两败俱伤。对于长辈，我们还是要多些包容，少些计较。特别是在一些无伤大雅的事情上，或者是你自己做得不妥当被婆婆抱怨的时候，你就可以做出让步，尝试着不管婆婆说什么，都用最简单的方法来回应。有两个字绝对是万金油，那就是：好的！

婆婆说："你今天出门的时候又没关空调，浪费了多少电啊，你记性怎么那么差！"媳妇："好的，好的，以后一定记住。"

婆婆说："你今天把剩菜倒了我很不开心。"媳妇："好的，好的，以后不倒了。"

婆婆说："你的东西要整理好，你看你的衣柜乱七八糟的。"媳妇："好的，好的，我一会儿就整理。"

常用"好的，好的"，一切事情都会很顺畅，后面也不需要接一大串解释的东西。婆婆从内心只是希望你承认并且接受而已，如果你说了一大堆理由，她会觉得你是在狡辩，而不会觉得你是在做合理的解释。切记，学会尊重的要点就是接受婆婆的话，说一句"好的＋接受的话"，就很完美了。

除了学会尊重之外，给婆婆足够的面子也很重要，特别是在亲戚面前，要表现得特别乖巧，然后把第一个方法用上，在亲戚面前赞美婆婆的优点，感激婆婆的辛苦。婆婆在一旁听到，便会觉得脸上有光，倍儿有面子。

第三招，学会共情，善用话术，懂得商量。

什么是共情，可以理解为同理心，就是你站在对方的角度去理解她的感受和需要。和婆婆沟通的时候，需要用同理心来了解她的感受和需要是什么。举个例子，婆婆反对你们出去吃火锅，觉得不健康，她的本意是关心你们的饮食健康，也想表达对你们身体的关心，但从你的角度看，她似乎是一个不懂情调和生活的人。这样，你们对事情的看法就出现了偏差。遇到这样的事情要怎么处理呢？

现在就告诉你一个沟通连环套路。首先，要肯定婆婆做的任何事情。然后，进行一个柔和的转折，用商量和虚心的口吻来表达。最后，把观点引导到两人共同的目的上。举个例子，关于之前提到的一到冬天，婆婆总是给孩子穿很多衣服的案例。先举一个错误的示范："干吗给孩子穿那么多衣服，您不知道有焐热症吗，你是想把孩子热死吗？"改正后的示范："妈，谢谢您对宝宝的关心，给她穿上了好几件衣服，现在天气冷了，确实要多穿一些。不过，最新的研究表明，宝宝穿得过厚，反而更容易生病。我有一个个人的看法，宝宝的衣服可能穿得有点多了，是不是适当地减少一点呢？在养孩子的方法上，妈妈您很有经验，以后我有什么不明白的地方，一定会向您请教的，毕竟我们的目的都是把孩子带得更好。"如果你使用了这样一个"肯定＋转折＋商量＋目的"的话术，相信婆婆会更容易接受你的话。我们都可以在生活中尝试一下以上的小妙招。

说话慧有招

化解婆媳矛盾的沟通方式有下面三种。

第一招，学会赞美，表达感激，适度讨好。学会做一个嘴甜又贴心的人，逢年过节给婆婆买个她喜欢的礼物，做个孝顺的好儿媳。

第二招，学会尊重，给足面子，不要计较。婆媳之间真的要避免正面冲突和争吵，如果图一时嘴爽，后面的麻烦会更大。矛盾要化解，还是要互相给面子，互相理解，你给婆婆面子，婆婆也一定不会亏待你。你需要常说"好的，好的"，试着让自己接受婆婆的意见。不要出现反驳的话，让她当下那一刻心里舒服就行。

第三招，学会共情，善用话术，懂得商量。遇到必须要表达观点的事情，就要善用沟通套路，千万不要直白地指责抱怨，这样不仅说话难听，婆婆可能还会用更难听的话反击，矛盾会激化。多站在对方的角度来了解需要，表明一下共同的目的，相信和睦的关系就可以建立起来了。

虽然婆媳矛盾不是一日两日就能化解的，但是我觉得只要你主动地选择改变，并且按照本节分享的方法尝试着去做，相信你们的关系会有一些改变的。

07

如何沟通才能与孩子建立亲密关系

　　从小孩一声啼哭来到这个世界上开始，每一对父母抱着软软的、小小的他时，心里都暗暗发誓，要一辈子保护、守护他。可是不知从哪一天开始，他开始不听你的话，你叫他往东，他偏偏往西，于是你开始大声责备他。"你能不能听话一点？""你能不能多向隔壁小王学习一点？""我怎么生了你这么一个儿子？"慢慢地，他从跟你争执转向沉默，对你关上了心门，不管你说什么，他都无动于衷。如果你已经为人父母，这样的场景在你和你朋友的身上是不是发生过，或者正在发生呢？你是不是非常困惑和不解，到底要如何沟通才能与孩子建立亲密关系呢？在着手解决这个问题之前，我们先来看看身边的一些案例，分析一下现实生活中亲子关系都存在些什么问题吧。

我曾经听过这样一个故事，一个年仅五岁的女孩几乎不愿跟父母说话，每天只是对着一只毛绒玩具熊自言自语。一开始，父母以为孩子得了抑郁症，急得不得了，四处求医。在经过多次心理治疗后，女孩说了一句话，让父母当场泪奔。女孩说，因为毛绒熊不会开口骂我，只会安静地听我说话。原来，女孩的爸爸性情急躁，经常无意间说孩子："你别添乱了！哭什么哭！你怎么这么笨呢？"日积月累，这些话对女孩的内心造成了负面的影响，女孩觉得自己一开口说话就是错的，就会挨骂，于是她就选择在父母面前保持沉默，而只对毛绒玩具熊说话。

在日常生活中，你是不是也在无意间对孩子说过"你再这样，我就不要你了""这么简单你都不会，是不是没脑子""早就跟你说过不要这样"之类的话？长期在父母咆哮下长大的孩子，内心会极度没有安全感，也不敢表达自己的意见，生怕出错，害怕没能让父母满意。我们常常不断否定孩子，以为是在教育他们，殊不知，这样的教育会让他们越来越没有信心。

我有一个特别要好的朋友，长得很可爱，人也特别活泼，喜欢到处旅游，结交各种各样的朋友。有一天，和她聊天时，我说，我对她的生活状态非常羡慕。她却苦笑着对我说，她一个人在外面的时候才是自由的，只要一回到家，就好像回到牢笼一样。经过了解我才知道，原来她有一个特别强势的母亲，什么都要管着她。从幼儿园开始，要跟哪个小朋友一起玩，到初中，要穿什么衣服去学校，再到高中毕业，要报考哪所大学的什么专业，甚至大学毕业后到什么单位上班，统统都是母亲说了算。她说，我根本不敢交男朋友，因为我不知道我妈会让我跟谁交往。我从来不知道，在她如此向往自由的背后，原来一直有一个"控制欲"极强的母亲。我们总以为自己所做的一切是在为孩子准备好一切，避免他们走弯路，却不知道是在无形中剥夺了孩子自己做决定的权利，这样的孩子容易变得非常自我或者非常反叛。或许，很多父母会说，"孩子是我生的，我怎么会不知道她（他）想要什么"，有时候我们恰巧忘了，孩子会长大，而我们确实不知道他们想要什么。

我有个同事，平时在公司是一个非常"热心"的人，同事间有个什么事儿她都喜欢给出出主意，还很喜欢给未婚的男女青年张罗相亲对象。我想这样的同事家庭一定非常和睦，可有一次，我去她家串门儿，却发现了一个奇怪的现象。她先生见到我们，除了点了个头之外，就一直在看电视，几乎没跟我们说什么话，而她儿子放学回来，看到我们后也是点了个头，就直接进了自己的房间。"他们父子俩就这样。"同事边热情地招呼我们，边跟我们解释。后来机缘巧合，同事的儿子要跟我咨询关于高考填报志愿的事情，我才发现这个男孩并不是那么冷漠的人。原来，同事虽然在公司很热心，但回家几乎从不管孩子，而同事的丈夫更是下班后就一个人看电视，一家人一天讲话可能都不超过十句。男孩说："虽然我有个家，但我常常觉得自己像个孤儿。"有些父母会说，我放手给你自由，我不干涉你，你喜欢做什么就做什么，却不知道他们在需要给孩子自由的同时，也要时刻给予孩子肯定与重视，哪怕只是一个眼神、一句关心的话。如果父母长期忽略孩子的成长，孩子就会失去人生的支撑点。

读书的时候，我们当值日生可能就当一天，当学生也就一二十年；工作时，每天有上下班时间，还会有退休的那天。可是，当我们成为父母后，一旦开了头，就没有下岗的一天。那到底怎样才能拥有一段好的亲子关系呢？我在和身边那些幸福的、心智成熟的孩子以及他们的父母进行深入交谈后，才知道原来这其中是有诀窍的。

第一招，做"嘴甜"的父母。

嘴甜的父母，会不自觉地用肯定、鼓励和赞美孩子来取代对他们的批评、否定和贬低。我们常常高估批评的作用，而担心过分的鼓励会让孩子骄傲。其实，孩子的内心是很渴望得到家长的欣赏和肯定的，家长的肯定在一定程度上相当于孩子存在的价值感。

一个教育专家说过，如果你用表扬和肯定的方式都没办法让孩子做一件事，那么，你用否定、打击的方式更做不到。试想一下，你在工作的时候，是更希望领导跟你说"这次做得不错，下次继续努力"，还是希望听到他说"这次做得这么糟糕，你到底什么时候才能做得好一点"？孩子考试成绩不理想，你给自己吃根"棒棒糖"对他说，"老师说你这次比上次有进步哦，我和老师都觉得你下次会有更大的进步"；孩子太喜欢玩游戏，你给自己吃颗"大白兔奶糖"对他说，"会玩游戏的小孩可聪明了，而越是聪明的孩子越懂得安排自己的学习时间"。

在行为习惯上，孩子更需要父母的引导。父母需要告诉孩子，要体验过程和感受责任。如果孩子考试成绩不理想，你需要告诉他，要承担这个责任，考试是为了检验你吸收知识的情况，不是为了与其他同学比较，它是证明你的学习能力和检验学习效果的一种方式。你用话语引导孩子，会让孩子有所思考，让他明白考试的目的，也明白自己所在阶段的责任，从而让他变得更有责任心。

以上说的是父母在引导孩子方面，需要注意的点。那么，在赞美孩子的时候，有哪些小窍门呢？父母需要赞美的是孩子完成事情过程中的细节，而不是单单说：你好棒！你好厉害！举个例子，当孩子的作文获得了全班最高分时，你应该这样鼓励孩子："哇！孩子你得分这么高，知道原因在哪里吗？因为你懂得观察生活了，把和爸爸妈妈一起去旅行的故事写出来，特别是那段如何克服困难爬到山顶的描写，非常有画面感，所以妈妈也觉得你这篇文章写出了真情实感，真棒！"

做"嘴甜"的父母，你的孩子就会变得越来越自信，也会成长得越来越健康。

第二招，做"嘴上有拉链"的父母。

帕萃丝·埃文斯在《不要用爱控制我》中写道："有些人习惯将自己的意志强加于人，却一点儿都意识不到这些行为的破坏性，当你遇到这些试图控制你的人时，你的个性就会被抹杀。"成人间的控制与被控制，是可以用行为来反抗的，而在亲子关系中，控制行为往往是在不经意之间发生的，控制的根源就在于，父母不相信孩子有能力处理好自己的事情，作为过来人，他们认为必须替孩子做出决定。你是不是经常会听到这样的话："你还小，懂什么，听爸妈的就对了。""认真做完作业，才可以出去玩。""这个玩具要给妹妹玩，你不要那么自私。"诸如此类的语言，甚至是行为，都体现出父母对孩子的一种控制。因为这些都会在不经意间发生，所以父母并没有完全意识到自己在控制孩子，大多数家长总是固执地坚持自己的观点，不听孩子的任何意见和解释。这类父母其实并不想从根本上理解孩子，本质上是因为他们有极强的控制欲望。

如果你想改善亲子关系，成为好父母，就要学会给自己的嘴上安上一条拉链，知道什么时候该说话、什么时候该闭嘴。作为父母，我们要对孩子抱有绝对的信心，相信他们完全有能力解决自己的问题。高考填报志愿，父母想要孩子学医，而孩子的兴趣却是文学。控制系的父母会说，"学医以后出来好找工作，而且你舅舅在医院上班，以后也能帮到你"，而"拉链系"的父母则会说，"医生比较好找工作，文学比较空泛，如果你已经想清楚了，那我们也支持你的选择"。你越给孩子自由选择的权利，孩子越容易成长为独立成熟的人。

第三招，做"嘴上有线"的父母。

这条"线"是父母和孩子之间的牵绊，是时刻关注，是感同身受。孩子对于父母始终会有依赖心理，从婴儿时期开始，孩子跟父母之间就形成了一种独特的、区别于其他感情的亲子依恋，我们称为"安全型依恋"关系。有了这条"线"，孩子知道永远有父母关注的目光，他在探索前进的路上，自然不会害怕、胆怯和恐惧。如果失去这条"线"，长期被父母忽视，则好比切断了孩子和这个世界的联系，他会觉得孤立无援。如何做"嘴上有线"的父母呢？要做到两点："察觉情绪"和"感受情绪"。第一步，察觉孩子情绪的变化。很多父母只会盯着孩子的行为，觉得今天他做这个不好，明天做那个不好，而往往忽略了孩子情绪的变化和产生的原因。第二步，感受孩子的情绪。

当你已经察觉到孩子的情绪之后，就要开始感受它。感受孩子是因为事情带来了不愉快和小情绪，还是由其他原因导致的，要多站在孩子的角度去说话和表达，多用"你"的开口方式。例如："这次没考好，你心里也不好受吧""我知道你的感受，它叫失望，我也经历过，如果难过，那就哭一会儿吧""你有什么开心的事情要跟我分享吗"。"线"的这一端是父母，"线"的另一端是孩子，情感在这条线上得到良好的传递，孩子终将会对生活更加乐观，对生命更加积极。

说话慧有招

我们一起来总结一下如何才能收获亲密的亲子关系。

第一招，做"嘴甜"的父母。经常性地肯定、鼓励和赞美孩子，给足他们勇气和信心。换一种说话方式，孩子就会更容易接受你说的话了。

第二招，做"嘴上有拉链"的父母。不要刻意去控制孩子的想法，要给予他们足够的空间，把主动权交给他们，让他们做自己思想的主人。

第三招，做"嘴上有线"的父母。多站在孩子的角度思考问题，随时关心孩子、体恤孩子、理解孩子。

父母要从最初无微不至的照顾者，逐渐过渡到可以被孩子选择性依赖的亲人，再慢慢过渡到孩子可以顺畅交流的朋友。两种身份相互配合，才能让亲子关系保持和谐、亲密。我们都不是完美的父母，但我们可以追求完美的亲子关系，期待你们都能成为孩子喜欢的父母，拥有高质量、亲密的亲子关系。

与另一半随时保持感情热度的沟通好方法

最近和一位朋友聊到情感话题时，她很是感叹：相恋三年的男友，刚在一起时总有说不完的话，聊上三天三夜都觉得不够。对方就像是一顶魔术帽，把手伸进去总有无数的惊喜等着你。以前恨不得一天24小时都黏在一起，现在即便同处一个房间，也是各做各的！大家渐渐变得无话可说。究竟哪里出了问题呢？

不管是在恋爱中，还是在婚姻里，两性关系都会经历四个阶段：热恋、磨合、稳定、冰冻。

恋爱初期，就是我们所说的热恋期。

刚开始谈恋爱的时候，对方的每个细节都会打动你，每一个行为都会让你如沐春风。对方说什么你都觉得很赞同、很满足，彼此三观契合。这个阶段，几乎所有的情侣都过得很甜蜜，恨不得天天腻在一起。过了热恋期，就到了最难过的磨合期。这个时期，你会渐渐发现对方身上有很多你难以忍受的臭毛病，双方会产生很多矛盾，甚至会经历很多的争吵。面对这一让人沮丧的阶段，有的人会选择改变，有的人会选择包容，有的人可能选择放弃。如果情侣双方有足够的能力、耐心和爱支撑彼此走过磨合期，之后就到了稳定期。如果你们走过了磨合期，感情稳定，争吵很少，但彼此的感情也渐渐平淡如水，极有可能滑入冰冻期。接下来，我们做个小测验，看看以下这些情况，你遇到过几种。

（1）你说了一大段话，他经常只回你短短几句，甚至不回；

（2）经常说着说着就莫名其妙吵了起来；

（3）常常有种话不投机、没有共同语言的感觉；

（4）他有大半年都没夸你一句了；

（5）他对着手机的时间比对着你多。

亲爱的，如果这五种情况你遇到了三种以上，那么你们的情感很可能正在或者已经进入冰冻期，你非常需要积极主动地学习一些"解冻"技巧哦！其实，再保鲜的爱情终会归于平淡，因此，如何与另一半保持热度或者回归热度，说话的方法至关重要，往往一个不同的语气，对方理解的方向就会不同。本节会从心理、语言、内容等维度，教你五个容易上手又超级实用的情感保鲜技巧，让你们的情感随时保持热度。

第一招，先人一步——美好的情感，需要你主动维护。

我观察发现，身边太多女性朋友在倾诉自己的情感问题时，要么认为自己的感情平淡无味，要么发现两个人"冷战"谁都不让步，其潜台词则是：应该由男方主动来想办法解决问题。当我问及原因时，得到的答案无外乎："当初是他先追求我的啊！追的时候可是会哄我啦""这种事情当然要男方主动啦"。女性朋友们没说出口的半句话就是：我可拉不下脸来做这事。

我这里有一句话必须提醒你：谁无法忍受，谁就要先改变。讲得通俗点就是，谁落后谁就得挨打。在情感冰冻期，大部分的女性总希望回到从前，希望对方和以前一样处处宠爱自己，而现实是，男性还挺享受这种状态的，所以你只能从改变自己的心态开始。你要明白，无论你们多相爱，你们的价值观不可能完全相同，你们的思维模式也是完全不同的，要缓解关系，先要放低身段，其实没什么大不了，你们的共同目标不就是让夫妻关系更和谐吗？情感需要你主动维护，遇到问题和争执，主动走出握手言和的第一步，和对方一起就事论事，分析和解决问题就好。

第二招，给对方一个优质爱人。

分享一个案例给大家。从一所"985"高校本科毕业后，外形条件不错的小艾，凭借学历这一敲门砖顺利拿到了四大行之一的工作，然后背井离乡从武汉来到厦门，又在一年之内和同行的本地人结婚生子。在很多同学尚且处于职场竞争期的时候，小艾似乎已经到达了他人眼中的"人生赢家"阶段。来找我交流时，只有25岁的她看起来却足足有三十好几。开口没聊几句，她就打趣说，她有两个儿子，一个三岁，一个三十岁。为了能亲自教育下一代，生完孩子之后的小艾便离职了，专心在家过起了相夫教子的日子。本以为这样的付出能得到先生更多的爱和理解，但事与愿违，她的老公除了工作，回到家就是玩游戏和睡大觉，根本不会帮助她带孩子。无论小艾是苦口婆心，还是暴跳如雷，她的老公依旧我行我素，这种"丧偶式"养育孩子的情况让小艾非常愤怒。

其实，无论是在热恋中，还是已经进入了婚姻的殿堂，很多女孩都忽略了一件事：爱一个人最好的方式，是经营好自己，给对方一个优质的爱人。我特别担心女生们会进入一个误区，就是"圣母心爆棚"，即把另一半当成孩子来爱，并且忘记了自己的存在。不是拼命对一个人好，那个人就会拼命爱你。俗世的感情也难免有现实的一面：你有价值，你的付出才会有人重视。

女人需要经营自己，让自己变得更加精致，特别是做了妈妈的女人。精致不仅仅是取悦别人的，更是给自己一个好心情，也彰显自己对生活、对爱情的美好向往。你是独立的、有追求的，而不是蓬头垢面、灰头土脸地为了孩子、老公、一家人而活，以至渐渐失去了自己的生活方式的。归根到底，一个女人只有提升自己以后，才会拥有一个强大的内心，才会懂得如何经营感情与婚姻。

那么我们应该如何经营自己呢？

通俗点儿说，女性的价值包含但不限于以下几方面：年龄、长相、身高、体型、体重、学历、性格、家庭环境、专业技能等。而在这些案例当中，年龄、身高、家庭环境几乎是不可能改变的，其他的像长相、体型、体重、学历、性格、专业技能则是我们可以好好去经营的。化妆、健身、阅读学习等都是不错的方法，至于性格这方面，我们可以通过学习语言技巧、改变思维模式等，来加以修饰或者潜移默化地改变。

第三招，别让你说话的语气害了你。

敢不敢来做个小实验，下回你找个话题和另一半对话五分钟以上。记得私下准备好手机，并且打开录音功能。我们先来看看下面这段对话：

老婆：怎么样，今天这鱼新鲜吧？我早上五点多就去市场找渔民买的。（小炫耀）

老公：还可以，就是咸了点。（漫不经心）

老婆：太咸就多吃几口米饭，省菜。（语气冷淡）

老公：你自己问怎么样的，我讲实话，不爱听拉倒。（语速加快，语气略生硬）

老婆：你爱吃不吃，没人求你！（语气中带着愤怒）

老公：（沉默不说话，只听见闷头吃饭甩汤匙的声音）

老婆：你那么甩餐具干吗？怕以后孩子学不会？（愤怒，音调高）

老公：你有完没完？（不耐烦，音调高）

老婆：完什么完，声音大就很了不起吗？（更愤怒，音调更高）

……

对话看完了，是不是感觉这样的对话方式挺熟悉的？这原本是老婆给老公做饭的温情小对话，怎么莫名其妙地变成了一场口角？这到底是怎么回事儿呢？

首先，同一句话用不同的语气，可以表达出截然相反的含义。比如，"你吃饭了没"用普通的语气表达，那就是一种关心、询问；用生气的语气表达，就是一种质疑与责备，潜台词是吃了还这么没力气。记住，要尽量用温和的语气来表达自己，减少语气上扬的结束语，如此便可以有效降低矛盾发生的概率。

其次，同一句话，多增加一个词、一句话，或者减少一个词，就能起到完全不同的效果。比如，在刚才的对话中，"还可以，就是咸了点"，如果老公及时在后面加一句，"但你做的我都喜欢吃"或者"你那么早起来就去市场真辛苦"之类的话语，后面的对话气氛就不会陡然升温。如果老婆说"太咸就多吃几口米饭"，而把后面的"省菜"去掉，相信老公也不会只闷头吃饭而不想理老婆了。

怼人总是一时痛快，但咱们不是仅仅图痛快的段子手。只有用心与付出才能得到自己想要的生活，那么如何才能做到呢？先从调整说话的语气开始吧。

第四招，你自己想听到什么话，就要先学会讲什么话。

这个世界很公平，有付出才有回报。如果你想听他说爱你，那你就要先学会对他表达爱；如果你想让他关心你，那你就要先学会关心他；如果你希望他赞美你，那你就要先学会赞美他。这是互惠原则。

给你一个语言小任务，绝对能为你的情感"保鲜"。挑战一下如何？

第一天，找个合适的机会温柔地对他说："今天你很不一样，感觉挺帅的"；第二天，找个合适的机会温柔地对他说："今天累了吧"；第三天，找个合适的机会，含情脉脉地对他说："突然觉得自己挺幸运的，能遇到你/能和你在一起"。

你会发现，渐渐地，他也会开始对你说你想听的话哦。

第五招，给每段重要对话一个高潮与大团圆的结尾。

如果列一份宜家的畅销榜单，排名第一的可能不是沙发、台灯、置物架，而是出口处 1 元一支的冰激凌甜筒。仅 2015 年，宜家中国就售出 1200 万支甜筒。1 元 1 支的冰激凌不会亏本吗？其背后的逻辑是什么？这还得从"峰终定律"说起。

峰终定律，指的是人们对一项事物进行体验之后，所能记住的就只是在"峰"与"终"时的体验，而在过程中好与不好体验的比重、好与不好体验的时间长短，对记忆几乎没有影响。宜家的购物路线也是按照"峰终定律"设计的。它的"峰"就是过程中的小惊喜，比如便宜又好用的挂钟、好看的羊毛毯以及著名的瑞典肉丸。那它的"终"是什么呢？就是出口处 1 元钱的冰激凌！宜家的购物路线设计，让人们的购物体验出奇的棒！

在亲密关系的对话中，也同样需要遵循峰终定律。记得时常表达赞美、关怀、爱意，为对方制造一个个小高潮对话，并且要想办法让最后的对话在愉快的氛围中结束，这些都是让你们的情感保鲜的妙招哦。

朋友小卡在学习完亲密关系课程后，积极实操，并和我们分享了发生在她家的案例。小卡有个烟民老公，每天早晨起床第一件事必然是到阳台点上一支烟。5 月 31 日世界禁烟日那天，他居然没有和往常一样，一起床就抽烟，换作以前，小卡准会快人快语地酸老公一把："哟，太阳从西边出来啦，某人早起居然没抽烟。"但学习完课程后的小卡，话到嘴边就赶紧咽回去了。洗漱完毕，吃早餐时，小卡温柔地对老公说："老公，我觉得你今天有点特别。"老公瞟了她一眼问："哪里特别？"小卡一边倒着豆浆一边说："特别自律，特别有毅力。"说罢，小卡挑着眉毛，看着烟灰缸。老公笑笑没有说话。用完早餐，老公准备出门上班前，小卡赶紧补上峰终定律的另一部分："老公，这包口香糖你带着吧，不舒服的时候可以嚼一嚼，是你最喜欢的西瓜口味。"

后来我找小卡了解了他们夫妻的近况，得知小卡老公的烟虽然没有戒掉，但是感受到小卡变化的老公也主动做出了一些改变，从原来一天一包半烟的状态，已经缩减到一天一包以内了，两人的关系也亲近了不少。

说话慧有招

我们来总结一下与另一半随时保持感情热度的沟通好方法。

第一招，先人一步——美好的情感，需要你主动维护。谁无法忍受，谁就要先改变。

第二招，给对方一个优质爱人。爱一个人最好的方式，是经营好自己。

第三招，别让你说话的语气害了你。

第四招，你自己想听到什么话，就要先学会讲什么话。互惠原则请记牢。

第五招，给每段重要对话一个高潮与大团圆的结尾。峰终定律你会用了吗？

大家可以多多尝试用这些方式与另一半进行沟通，它们不仅能帮助你们解冻情感，还能让你们随时保持热度。我很期待正在阅读本书的你，拥有完美的爱情，在爱情的呵护中幸福生活。

第三篇

绕开人际交往的八大『坑』

人不是独立生活在这个世界上的，而有人的地方就有江湖。在人际交往中，如果一个人说话总是让别人很舒服，让自己也很舒服的话，这个人就是一个情商高、会说话的人。会说话，不是巧舌如簧，更不是看人下菜、颠倒黑白，而是不卑不亢、尊重他人。卡耐基说过，一个人的成功只有15%是依靠专业技能，而85%要靠人际交往与沟通的能力。你说话让人舒服的程度，决定你所能抵达的高度。有颜值的人，迟早会被更有颜值的人替代，而才华与情商，却会让人一直追随。好好说话，从心平气和地放慢语速开始，从站在他人角度设身处地地考虑开始。在人际交往中如何好好说话？欢迎打开第三篇——绕开人际交往的八大"坑"，教会你生活中八大场景所需的说话技巧，相信你看完之后会有很大的启发。

如何改变说话直接、戳伤人心、得罪人的毛病

"你怎么那么笨，这么简单的事情还搞不定？"

"你表现得可差劲了，做事儿完全不靠谱嘛。"

"你是不是没脑子啊，这么简单的事都做不好？"

请回想一下，上面这些话听起来是不是很熟悉？在你身边，是不是总有一两个说话特别直接的人？他们总是对你的言行提出各种点评，甚至是批评。他们评判完你的言行举止之后，还总爱念叨一句，"我可是为你好""逆耳的才是忠言呀"。反正我身边这样的人挺多的，相信你们应该也是。平心而论，光听到这些话，是不是就已经让你挺不舒服的了？虽然他（她）说的是真心话，也总打着"为你好"的旗号，在你身边扮演着"良师益友"的闺密、哥们

儿的角色，甚至这个人就是你最亲的人。可是在你的内心深处，他们这种直戳人心的话语，是不是多少让你有些不爽和无奈呢？

同样，我们可以反思一下，自己是不是一个说话很直接、很扎心的人呢？如果是，那你也应该好好改变一下自己的说话方式，让身边的家人和朋友既舒服，又能欣然接受你的意见和建议。举个例子，你和朋友聊天的时候，你自己感觉挺好的，可是聊天结束后的一段时间里，你发现对方突然不搭理你了，你很不解：到底自己哪里得罪了朋友呢？到底说错了什么话让他不开心了？说者无心，听者有意。你说出的话中有太多主观的想法，你说的话可能你认为是对的，因为对自己是有利的，可是往往正是这样的主观角度很容易会伤害到对方，毕竟你很难要求别人和你的想法在同一个水平线上，甚至从他的角度来看会觉得你说的话是讽刺、打压、歧视等负面内容。

因此，说话直接的现象归结起来，其本质就是：没有尊重对方的存在价值。吵架就是特别典型的一方否定另一方的存在价值，上来就是一顿人身攻击，你这样做的话，对方多半会想：你以为你是谁？你凭什么教育我？甚至会大声反驳：关你什么事？

如果大家不清楚到底自己说的哪些话直接戳伤了对方，不妨换位思考一下，别人说什么样的话会戳伤你的心，让你耿耿于怀。我想你心中可能立马已经列举出别人的无数条罪状了吧。那你再看看你列出的话，想想自己是不是也说过呢。当你懂得了换位思考，你在说话的时候就会懂得有所选择、有所取舍了。

我的一位好朋友李芳，曾经和我说过他爸爸对她说话的方式。她说："我爸爸说话特别难听，我有一次借用别人的口红涂了一下嘴唇被他看见了。爸爸就大吼一声，'你用别人的口红不怕得病吗？'"其实爸爸的本意是关心她，但是李芳听到这话就很难过，因为她觉得爸爸在外面对别人都很友好，可是对家人说话却那么直接、戳人心。李芳问爸爸："爸，你对我说话为什么总是那么难听？"爸爸说："因为你们是我的家人，所以没必要拐弯抹角啊！"在爸爸的意识里，他觉得对自己的女儿说话，就不需要用婉转的方式去表达。

很多人都会有这样的问题，对不熟的人温柔以待，可是对亲近的人却随意对待。他们觉得我们很熟，所以我不需要遮遮掩掩的，我直截了当地告诉你错在哪里就对了，反正你也不会离开我。但是人都会有一个通病，犯了错又不喜欢被人怪罪。而且这世界上永远没有完美的人，人不可能没有缺点，也不可能一直不犯错。

我有一个闺密在主持圈子里，有一个特别出名的外号叫"毒舌"。因为她特别喜欢点评别人。"陈明，你普通话真的一点都不普通啊，N、L都不分啊！""小潘，你的主持节奏太拖沓，回去要改进一下。"甚至有其他朋友来问她某某主持怎么样的时候，她也很直接地表达了看法："这个主持人话都说不清楚，也不知道会不会被客户投诉。"以前她真的不觉得这样直接的点评有什么问题，还认为自己说的都是事实。她和我提起别人称呼她"毒舌"时，还有点沾沾自喜呢。直到后来我听其他同行在背后说她是一个特别爱说别人坏话的人，我才发现原来她的说话方式出了问题。我一直以为她直截了当地表达是为了一针见血地告诉对方错在哪里，可是到头来，她在别人心中却成了一个嘴碎的"讨厌鬼"。

我曾经也吃过说话直接得罪人的亏。在一次好朋友的聚会上，我直接指出了好朋友在主持上的缺点，当时我苦口婆心地说，越说越激动，越说越大声，都没有关注到他难看的脸色和旁人若有所思的目光。说完以后，有一个朋友小声地和我说，你在大庭广众下这样说小陈，他很不高兴啊。原来我所谓的苦口婆心在别人的眼中是为了给他难堪，我把性格耿直当作说话直接的借口，结果人家并不领情。所以切记切记，点评别人一定要在适合的时间和适合的场合，不要让对方没面子。

如今我在千锤百炼中已经学会了更好地说话，和家人朋友们也相处融洽。那么如何才能改掉说话直接、戳伤人心、得罪人的毛病呢？我这就来给大家支几招！

第一招，开头先表扬，表扬后点评。

多多发现对方的闪光点。人活着一定不是一无是处的，也不是只有缺点没有优点的，在和别人交流的时候，先用表扬的方式切入，然后话锋再反转，这就像甩出大棒前先给块糖，在对方吃得美滋滋的时候，对你的点评就比较容易听进去了。很多人可能会用"不过，但是，可是"这些词来做转折，但这几个词还是有点生硬，我来教大家几个柔和的引入句。"如果非要我给你一点建议的话，我有一个不太成熟的小建议，你想听吗？""我想鸡蛋里挑点骨头，给你提点建议行吗？"我们回到刚才的那几个案例："陈明，你今天穿得很时尚啊，特别符合活动的主题，真的是完美。如果非要给你一点建议的话……""你工作很积极、认真、细心，如果非要我鸡蛋里挑点骨头的话，给你提点建议可以吗？"这样表达转折的话语是不是听起来就挺容易接受的？

第二招，中间提意见，要避免人身攻击。

不要把重点放在对方的错误上，可以直接提出解决性意见，说话直接的人评价对方时爱用一些简单、粗暴、极端的字眼，比如你很烂、很差、他就是个极品等等。对于这一类字眼，任何人听了都不会开心。比如陈明的普通话不好，不能说"你普通话真的好差"，而是要说"我觉得你可以在 N、L 的语音问题上加强练习，这样你的声音就会更棒了"。如果你是那个主持人，听我说完会不会觉得我很真诚而且会欣然接受我的意见呢？一个高情商的人，从来不会随意批评人，而是讲究批评的方法。那现在大家来想想，按照这个套路，在李芳和爸爸的例子里，爸爸的话要如何说才会听起来舒服呢？"女儿，你涂上口红的样子还蛮漂亮的，我有一个不成熟的小建议，你想听吗？借别人的口红打扮自己不太卫生，可能会感染细菌。以后出门我都提醒你带好口红好吗？"爸爸最后说出了解决的方法，这样就算加点责怪的话，那种伤人的感觉也会降低很多。

第三招，结尾说期待，可以增加一些表达情感的句子。

例如："陈明，你今天穿得很时尚啊，特别符合活动的主题，真的是完美。如果非要给你一点建议的话，我觉得你可以在 N、L 的语音问题上加强练习，这样你的声音就会更棒，我好期待下次能听到你更标准、更有磁性的声音！"

例如："你工作很积极、认真、细心，如果非要我鸡蛋里挑点骨头的话，给你提点建议可以吗？你可以把时间做一个规划管理，使用提醒工具来提升你的工作效率，这样就不会经常在规定内的时间里完不成工作了。我希望下次能看到你准时提交工作报告，期待你的进步！"当你把你的主观感受通过语言表达给对方的时候，对方会被你的真诚所打动。对别人的评价从本质上来说都是善意的劝导，如果你把你的期待作为谈话的结尾说出来，我觉得劝导的效果会事半功倍。

说话慧有招

最后我们来总结一下今天的三个小技能，努力改变自己说话直接、戳伤人心、得罪人的毛病。

第一招，开头先表扬，表扬后点评。先说好听点的、表扬别人的话，让别人放松警惕，再来一个翻转开始评价。

第二招，中间提意见，要避免人身攻击。评价的内容要包含解决性办法，这样别人会觉得你说的有道理，并且能让他学习到改正的方法。

第三招，结尾说期待，可以增加一些表达情感的句子。在语句结尾处说一些你的主观感受，打点情感牌，说不定还能感动对方呢。

大家可以在生活中尝试用这三个连环套，改变自己说话直接的毛病，期待你收获更多的好人缘。

如何赞美别人，从而获得高质量的人际关系

美国著名的心理学家威廉·詹姆斯指出："渴望被人赏识是人最基本的天性。"这种天性就是人心里最真实的声音，每个人都愿意听到赞美的话。赞美是一种正向能量的引导，可以给自己或他人的成长带来帮助。赞美的好处非常多：当你对一个陌生人表达赞美的时候，可以迅速拉近彼此的距离；当你对家人和朋友表达赞美的时候，可以让彼此都非常的愉悦，让你们之间的关系更加和睦；当你把注意力放在美好的事物上时，你时刻都在发掘对方的美好和优点。我觉得赞美就像回声一样，你发出一个赞美的信号，别人也会给你同样的反馈，这不是互相吹捧，而是一种对话，是两个人之间互相的欣赏，可以让你们的关系变

得更加融洽。

不过，如果你对着大山喊你很笨，大山也会给你一个"你很笨"的回声。这就是一种很直接的负面反馈。在工作和生活中，这种负面的反馈往往是比较多的，我来举几个例子。

周一上班，你兴冲冲地把写好的策划书交给领导。为了完成这个策划案，你已经连续加班了一周，本来想着领导能拍拍你的肩膀说："这个策划案做得很详细，进步很大啊！"结果，他来了一句："还行，不过这里应该用分号，不是用句号。"当时你内心真是万马奔腾，真想拍着桌子说："您为什么不赞美一下我呢？"

周五下班，约朋友聚会放松，你特地化了个好看的妆，穿上前段时间千挑万选的最新款大衣，戴上漂亮的耳钉，脚蹬一双自己特别喜欢的小高跟鞋出现在朋友面前。本来想着朋友见了能夸一下自己："哎哟，今天打扮得好精致哦！"结果，一见面她来了一句："你今天这口红的颜色很不适合你哦，谁推荐你买的啊？"当时你就很想大吼一声："我就是喜欢。你赞美一下我会掉块肉啊？"

周末，在家费尽心思地做了一桌饭菜，本来期待着家人们夸奖一番，结果妈妈一句"这菜怎么这么咸"，弟弟一句"这肉炒得太老了"，你是不是会气不打一处来，当时就很想掀桌子，心想："你们就不会赞美一下我吗？"

你看，生活中大家是不是经常会遇到这些让人想要

"掀桌子、拍桌子"的情况。你是不是也想问一句："为什么就不能给我句赞美？"之所以常常会出现这样的情况，是因为很多人会觉得，在亲密关系中，轻易说出口的赞许和鼓励毫无价值，因此他们会拒绝使用正面积极的反馈，或者会觉得不好意思，觉得"矫情"。事实上，这些人认为在亲密关系中毫无价值的赞许和鼓励，可能正是对方默默的期待。

赞美的确是一件好事，但绝不是一件易事。赞美别人以及有技巧地赞美别人是件难事儿，所以很多人处理不好，容易走极端，要么成了"马屁精"，要么成了"杠精"。"马屁精"是对他认为的重要的人毫无底线地赞美、奉承，而"杠精"则是无所不用其极地否定他人的人。每个公司里面总有几个"马屁精"跟在领导后面，领导倒杯水，他马上会说，"领导您倒水的姿势太帅了"；领导做会议发言，他说，"领导您刚才那段讲话简直是范本，太有水平了"；连领导在他面前不小心放了个屁，他都可能会说，"领导您这消化功能很棒哦"。对于"马屁精"，我们常常抱着一种不屑的态度，认为他们整天不好好做事，就只会说好听的话，可是领导特别喜欢这样的人。你可能会有点儿纳闷：说好听的话有那么重要吗？

而"杠精"更多的是活跃在网络上，你晒了一张去健身的照片，一群"杠精"上线了，开始喷你，"又没有马甲线，有什么好秀的""脸这么大，再怎么锻炼还不是一样"；你晒了张旅游的照片，又一群"杠精"上线了，"这种地方有什么好拍的，你以为你在拉斯维加斯吗""又没有男朋友，一个人旅行一定很孤单吧"。隔着电脑屏幕，你都恨不得拿出一把冲锋枪"突突突——"把这群"杠精"消灭掉，还网络世界一片清净。我们一看到"杠精"，常常不由自主地暗自说道，"惹不起，惹不起"，他们每次都能在鸡蛋里面挑出骨头来，好像不打击、不贬损别人，他们就失去了生活的乐趣似的。

在日常生活中，大部分人都不喜欢"马屁精"和"杠精"这两类人。如果你想要获得高质量的人际关系，你可以选择第三条路——做一个"人精"。可能有些人一听到"人精"，就觉得这是个不好的词。这里所说的"人精"，是指那些"懂得用恰当的方式"赞美别人的人。如果你认真观察一下身边的人，就会发现那些非常受欢迎的人，其实一个个都是"人精"，他们跟人聊天都让人觉得很舒服。本节就教你如何赞美别人，修炼成"人精"。看起来很难，其实很简单，你只需要记住"三个步骤、三种方式、三个误区"。

"三个步骤"："说出你的感受"→"指出看到的事实"→"列出对比"。

我们经常说出的赞美，比如"你很厉害""你很棒""你很聪明"等等，都只是一种评价性的、含糊的赞美，可能会让对方觉得不真诚、不真实，甚至可能会使其产生反感，觉得你是在恭维和奉承。如何破解这一难题呢？教你一个简单实用的妙招，运用三个步骤：

步骤一，说出你的感受；

步骤二，指出看到的事实；

步骤三：列出对比。

只要采用这三个步骤，就会立即让对方感觉你的赞美真诚又真实。举个简单的例子，你去一家餐馆吃饭，对服务员的服务感到非常满意，也许你会说"你的服务态度很好"或者"你的服务水平很高"，对方可能会微笑并点头，认为你是在说客套话，不是真的在赞美她。如果你说"你的服务很赞（步骤一），每次上菜的时候你都详细地介绍菜名和吃法（步骤二），其他人通常都是放下菜就走了（步骤三）"，试想一下，听到这样的赞美，她可能就不仅仅是客气地点头微笑了，而是会发自内心地感到欣喜。

"三种方式"："当面、侧面、背面"赞美。

当面赞美，要具体不要抽象。当面赞美是最直接的方式，但直接不等于随意。日常生活中，我们常常会用抽象、含糊的方式来赞美别人，比如"你好棒""你很厉害"等。你会发现，对方在听完赞美后，并没有感觉到心情愉快。举一个简单的例子，你的小孩今天画了一幅画，画了各种颜色的线条，孩子问你："妈妈，你看看我画的画。"为了鼓励他，也许你会说："宝宝，你画得太棒了。"可是，孩子并没有显得很开心，反而有点失落。因为人类对于抽象的赞美感知并不强烈。如果你能用更具体的方式来赞美他，效果就会大不一样哦。比如，"宝宝，这个蓝色的线条是表示大海吗？这边红色的是太阳吗？你是不是画的在海边看日出的场景呀？妈妈很喜欢哦。"你描述的细节越具体，对方会觉得你越用心，你的赞美就越真实。

当面赞美的同时，还可以适当询问，比如问细节、问难处、讨经验。因为当你询问时，说明你很在意对方，而在意本身就是高层次的赞美。同时，又满足了对方"需要被肯定、被认同"的人性需求。比如，看到同事买了新包："这包很难买到吧？这是最新款吧？我以前都没有见过哦。""不是啦，就是在一个小店买的啦。"当她回答你的时候，就是默认了你的赞美，这样的赞美就真正起到了作用。

侧面赞美，善用间接表达方式。侧面赞美，就是通过赞美跟对方有关的事物来夸人。相比当面赞美，侧面赞美的方式较为含蓄，"不着痕迹，不显山露水"，适用于赞美地位比你高的人。比如，初次到领导家里拜访，见到领导的夫人，与其不切实际地乱捧一场，不如赞美领导家里的布置别出心裁、温馨舒服，客厅里的盆栽精巧雅致，这样的赞美其实是在夸女主人的好品位。这样的赞美，虽不明说，却更有分量。

侧面赞美，也适用于初次见面的朋友。如果见面的地点是对方安排的，你可以说，"你选的这个地方位置很好，停车也很方便，你真是个很会为别人考虑的人"。如果你们聊到某些具体的事情，你也可以说，"你对这个事情的看法，见解深刻，我之前怎么没有想到这一点"。在还不了解对方的情况下，赞美与他有关的事物，而不是赞美他本人，会让人觉得更真诚。

背面赞美，即多多借用第三人。多在第三人面前说另一个人的好话，是使人际关系融洽的最有效的方法。设想一下，若有人告诉你，某某在背后说了许多关于你的好话，你能不高兴吗？这种好话，如果是当面说给你听的，或许会适得其反，让你感到虚假，或者疑心对方是否出于真心。为什么从第三者那里听来的赞美，会让人觉得特别悦耳动听呢？那是因为你坚信对方在真心赞美你。这种赞美方式非常适用于职场关系中。如果在平时，下属听到上司当面夸自己，难免会有疑虑，"是不是又要给我布置任务""是不是我其他事情做得不好了""刚刚也这么夸过小李吧"。但如果下属是从别人的口中听到了上司对自己的赞赏，就会更加相信上司对自己的肯定，也愿意通过更加努力工作的方式，来报答上司对自己的"知遇之恩"。

"三个误区"：避开误区，别踩地雷。

赞美别人时，切忌脱离事实，毫无根据。比如，当你看到一个个子高高的、流着鼻涕、表情木讷的小孩，你对她的母亲说，"你家宝宝看起来很聪明"，对方的感受会如何呢？本来是赞美的话，在对方听来却变成很大的讽刺，得到了相反的效果。若你说，"你家孩子看起来很健康，个头儿比同龄孩子高一大截呢"，效果会好很多。

赞美别人时，切忌公式化的套词俗语。见面就是"久仰大名""如雷贯耳""百闻不如一见""生意兴隆，财源广进"等俗不可耐、味同嚼蜡的恭维，这种公式化的套词会给人不冷不热的印象，给对方留下滑头、缺乏真实感的第一印象。

赞美别人时，切忌鹦鹉学舌，说别人的话。常言道，别人嚼过的肉不香。在公共场合赞美别人，自己想不出要怎样赞美，只能跟着别人学，附和别人的赞美。这样的赞美在对方听来不仅毫无感觉，而且会觉得你很敷衍。

总之，你的赞美一定要真诚、走心，如此才能获得高质量的人际关系。

说话慧有招

我们一起来总结一下，通过对本节内容的学习，你收获到了什么？如何赞美别人，从而获得高质量的人际关系？你只需要记住"三个步骤、三种方式、三个误区"。

"三个步骤"："说出你的感受"→"指出看到的事实"→"列出对比"。这是一个超级简便实用的结构模型，按照这三个步骤就能写出对应的话术，立马说出一段最恰当的赞美别人的话。

"三种方式"："当面、侧面、背面"赞美。赞美的方式不只有当面，还有侧面和背面，睿智地赞美、不经意地赞美、旁敲侧击地赞美，会收到更好的效果。

"三个误区"：避开误区，别踩地雷。赞美别人时，切忌脱离事实，毫无根据。赞美别人时，切忌公式化的套词俗语。赞美别人时，切忌鹦鹉学舌，说别人的话。

赞美别人的实质，是对别人的尊重和评价，也是送给别人最好的礼物和报酬，是搞好人际关系的一笔高回报的长期投资。它传达的是我们的善意，传递的是我们的信任和情感，化解的是我们有意无意与人形成的隔阂和摩擦。别人会因为你的赞美而获得自信，而你也会因此受到别人的尊重。有技巧地赞美别人很重要，需要时刻记心上。

11

如何巧妙地拒绝别人

　　给你描述一个场景，你会不会觉得这样的场景特别熟悉？在你做头发的时候，理发师一边帮你打理头发，一边念叨……如果你头发太少，他说你需要烫下头发，以增加蓬松感；如果你头发多，他说你需要把头发打薄然后再烫一下，以增加层次感；如果你的头发恰好不多不少，他会这么说，还是需要烫发以增加呼吸感；如果你头发太黑，他说应该染个亚麻色；如果你头发太黄，他说最好染个栗棕色。择日不如撞日，撞日不如今日，今天店里办卡八折优惠哦，送五次头发护理，还有四张代金券哟！于是，在理发师的猛烈攻击下，你掏出2000元人民币办了一张会员卡，但同时暗暗下定决心，以后绝对不再吃这种亏。可是，下一次，你还是没能抵得住理发师的"狂轰滥炸"，又充了500元。你内心一定在狂喊，我怎么才能学会拒绝别人呢？

其实，在美发店你不懂拒绝，最多也只是损失点金钱，但在生活和工作中，若不懂拒绝，可就不仅是吃亏这么小的事了，甚至可能会让你失去对自己整个人生的掌控。

在工作中，我的好朋友张静就是一个不懂拒绝别人的典型。她的口头禅："好的，交给我吧。"因此，她身边的同事总是想出很多理由，把工作推给她做。虽然她心中并不情愿，可就是不知道该怎么拒绝他人。明明自己的工作都忙不过来，可还是接下很多本来该别人干的活儿。实在没办法，她就只好不停地加班。结果，不仅搞得自己身心疲惫，而且她自己的本职工作也一直没有起色。我问她："为什么会答应接手那些不是你职责范围内的工作呢？"她说："因为我不想让别人失望。"

没错，我们都希望给他人留下一个好印象，想当一个"好人"。也许，在你的观念里，这个所谓的"好人"形象比真实的自己更受欢迎，于是你竭尽全力地去满足别人的愿望，以维护这个形象。你是不是别人眼中的"老好人"？总是面带笑容，来者不拒，别人提出的要求都满足，从不拒绝，宁愿伤害自己、麻烦自己、牺牲自己，也要去迎合别人的需求。最终，受伤害的也往往是自己，因为太憋屈了。事实上，大部分"老好人"都是很被动地友好，而他们所有的付出，在他人眼里，更像是"便利贴"一样，每个人都可以"使用"，并且可以把它们"贴"在任何地方。

如果你是那种随叫随到的"老好人"，那你的价值在别人眼里会很低。如果有一天你不帮助他，拒绝了他，他反而会立刻对你产生负面评价。其根源就在于你从不拒绝的行为，让别人产生了理所当然的观念。如果你想要真正掌控自己的人生，就要从学会拒绝开始。每一个人都应该学会拒绝别人。不过，我们说的拒绝别人，并不是完全拒绝，而是选择性地拒绝。这样的拒绝不但不会得罪他人，反而会明确地告诉对方自己的边界，能够让他人更尊重自己，同时让自己过得更好。

举个例子：在生活中，很多人不懂得拒绝的一件事，就是借钱。当你的亲戚、朋友、同事、闺密来找你借钱时，你内心特别纠结——最近的确没什么存款，卡里的一万多元还打算留到新年给自己买份礼物犒劳一下自己。对方张口说："借我一万块钱吧，信用卡周转不过来，就一个月救救急吧。"这时候，你怎么办？望着对方恳求的眼神，进退两难。不借吧，和他关系还不错，直接拒绝真的有点说不出口，万一拒绝了，他生气怎么办，不理自己怎么办。如果借了，自己的存款就见底了，年前得过得紧巴巴的。最后，就是碍于面子把钱借给别人。这样的事儿，你没少干吧？就是这个"碍于面子"，想当"老好人"的观念，给自己带来了很多不必要的麻烦。不会拒绝或不敢拒绝成了一种心理负担，但我们所担心的，往往只是我们的想象罢了。

我们做个换位思考的实验吧：你向闺密借一万块钱，如果她不借，你会对这个从小到大都非常要好的闺密生气吗？你会认为她薄情寡义吗？你会和她绝交吗？我相信你是不会的，可能99%的人都不会。因此，拒绝所带来的后果，其实并没有我们想象得那么糟糕。

当然，如果你总是不懂得拒绝，我想告诉你，你也绝不是一个特例。相信我，几乎每个人都有过因为不知道如何拒绝，而违心答应帮他人做事情的经历。也许是因为我们都知道被拒绝往往不好受，所以为了不伤害别人的感情，才不愿意去拒绝别人，又或许我们总是想取悦他人，常常忘记照顾自己的感受。我始终认为，你要在过好自己人生的前提下，再去帮助其他人。因为，照顾好自己，就是在照顾那些爱你的人。

那么，如何才能巧妙拒绝他人又不伤感情，从而得以重新掌控自己的人生呢？我来给大家支几招。

第一招，听对方说完再表态。

付出更多的耐心去倾听对方，要先让对方把话全部说完。因为如果你连对方的话都没听完就拒绝对方，对方一定会觉得你很冷漠，甚至会觉得你是在否定他整个人。所以，一定要有耐心，认真听对方讲话，同时在听的过程中，要不时轻轻点头，以表示你在关注他所讲的话。你也可以应和对方，比如，"是的，我听懂了""明白，请继续"，让对方感受到你的真诚和耐心。这样，从一开始，你和对方的感情就进行了链接，接下来的沟通就会更加顺畅。

第二招，坚定立场表态度。

这是最难也是最重要的一点。我们一定要记得，表明态度时，语气要温柔，但态度要坚定。虽然拒绝了对方，但以后我们还是好朋友，所以不要用对抗的方式来表达拒绝，而是要打好感情牌，用温柔的语气软化对方。需要注意的是，语气虽然是温柔的，但立场一定要坚定，如果你已经想好了要拒绝对方，就要清楚地表达出来，而不要犹犹豫豫、模棱两可、含糊其辞。不然的话，对方可能不愿放弃，你们之间的谈话就会变成一场拉锯战，最后不管是拒绝还是同意，对你们的感情其实都是一种伤害。那么，应该怎么说才能语气温柔而立场坚定呢？我来给大家举几个例子。"听得出来你的问题挺棘手的，我真希望可以帮你，但我现在确实腾不出手。""你能来找我，我特别感激你，如果可以的话我真想帮你，但我暂时帮不上你的忙。"这些话都是语气温柔、立场坚定的，不仅明确表达了拒绝的态度，同时也表达了情感，对方更容易接受。

第三招，善意真言给原因。

如果只是单纯地拒绝对方的话，其实对方还是会不舒服的，所以一定要告诉对方，你为什么要拒绝他。有的人采用说谎的方式给自己找理由来拒绝对方。我不建议大家用说谎的方式来解决这样的问题，即使拒绝对方也一定要真诚，因为谎言被拆穿时带来的伤害，远比它带来的好处多。况且，当你随口编造了一个理由时，如果恰巧对方说可以帮你解决问题，那你就没有理由拒绝对方了。如果你再拒绝，对方就会认为"你就是不想帮忙，你在敷衍我"。那么，给原因的正确姿势应该是怎样的呢？你应该给出真实的原因，以及相关的后果。比如说，"我手头刚接了一个特别紧急的报告，要是耽误了，老板肯定不会放过我""我一周前答应了今晚要陪女儿排练她的节目，我真的不想让她失望""我对你说的这个事情完全没有经验，万一搞砸了，还会让你背锅"。如果对方真的拿你当好朋友，你有难处，他当然也会理解和支持你。如果对方对你的困难置若罔闻、不予理睬，那你又何必要帮他呢？

第四招，积极真诚提意见。

虽然你没法答应他，但你还是要表达出你想要积极帮他解决问题的心情。而且，你的想法，也许会激发他想出新的解决办法。比如，你可以这样说，"其实，还有一种办法，不知道能不能帮你更容易地解决这个问题""我知道小张做过类似的工作，他可能会有些模板，你可以跟他要来做下参考"。这样，对方也会认为你是真心希望帮他解决问题，而且也许你的建议真的能帮到他。

说话慧有招

我们一起来盘点一下，到底该如何巧妙地拒绝他人又不伤感情，重新掌控自己的人生。

第一招，听对方说完再表态。先认真耐心地倾听对方说的话，在情感上理解对方。

第二招，坚定立场表态度。要语气温柔但态度坚定地表达你的拒绝。

第三招，善意真言给原因。告诉对方你为什么不能帮他，以及相关的后果是什么。

第四招，积极真诚提意见。积极帮对方想解决问题的办法和替代的方案，让对方知道虽然你拒绝了他，但你心里是真心想要帮他解决问题的。

大家可以多多尝试使用这四招，从而做到巧妙拒绝而又不伤害别人。当然，我还要补充一句，如果有余力帮助对方，还是应该伸出援手，因为你的每一次付出，都会计入你的情感账户。我希望，你既能照顾好自己，又能帮助到他人。

12

让你的批评被对方欣然接受的说话技巧

从小到大，批评你最多的人是谁？是你的父母。上学时，批评你最多的人是谁？是你的老师。他们批评你的目的，是希望你改正错误，做得更好。真心对待你、督促你进步的人才会批评你，而那些整天阿谀奉承，时常把你捧上天的人，往往是想看你笑话的人。需要注意的是，尽管批评是"逆耳忠言"，但还是需要讲究表达方法，如此一来被批评的人才会欣然接受，毕竟谁都愿意多听一些好话。

在日常生活和工作中，我们大部分人在批评别人时会遇到以下四种情况。

第一，批评别人时，内心很犹豫。在说和不说之间往往要徘徊好久才会最终说出来。因为当我们在批评别人的时候，内心深处要么恐惧，要么担忧，不知道被批评者会做何反应。**第二，感情用事**。批评时，情绪容易变得特别激动，甚至把批评变成宣泄，反而不能正确地传递信息。比如很多家长批评孩子的方式往往沿袭了自己父母对待他们的方式。**第三，意思表达不适当**。表情、口气、语调和批评内容的重要性不匹配。我们自己曾经也被别人批评过，无形之中不自觉地模仿了别人简单粗暴的说话方式。**第四，"以己度人"**。根据自己的喜好，揣测、评判、干预别人的行为。总是从自己的角度出发，"自以为是"，完全不考虑对方的认知水平和性格差异，把批评当成直来直往的评价，进一步要求对方按照自己的想法行事。

一起来看两个例子：

我曾经看到一位朋友小陈在微信朋友圈发了一条这样的动态：现在的小年轻，真是一句也说不得，明明他材料交晚了，说了他几句，他直接提离职了。以后干脆什么都不讲行了吧？！小陈还特意在文字下配了一张很无奈的图片。

还有一次，我的另一个朋友，某部门新晋的经理小林和我聊起这样一件事。刚上任不久，部门有位下属，是资历比他老的员工。这位老同事每周五天起码有三天会迟到，刚开始他还会和小林打声招呼，后来干脆连招呼都免了。小林憋屈了近一个月。有一天早晨，他撞见这位又迟到了的老员工，情绪爆发了："动不动就迟到，你是眼里没我这个经理，还是你不想干了？"结果，老同事直接回顶了一句："你怎么说话的？说我不想干了？我加班的时候你怎么不说？"这撕破脸后的尴尬局面，给小林添了不少烦恼。

可以看出，上面两个案例中，小陈和小林的批评完全没有实现他们批评人的初衷。著名教育家马克连科说过：批评不仅仅是一种手段，更应是一种艺术、一种智慧。批评时，批评的轻了，不能引起对方的重视，批评的重了，对方容易有抵触心理；不发脾气对方记不住，发脾气对方以为你只是在发泄。所以，大家可别小看批评这件事，一定要做到"拿捏有道"。

那么如何才能有技巧地批评人呢？

在学习批评人的技巧之前，我们需要厘清一个概念：批评和骂人有什么区别？弄清这个问题很关键，因为很多人会把骂人当批评。对于二者的区别，大家心中一定有很多答案，比如：骂人带脏字，骂人对谁都可以等。但最本质的区别应该是，"骂人"是由于对对方有不妥当的评价，错误地对他人实行人身攻击，宣泄自己强烈的情绪等；"批评"则是为了让他人意识到错误或过失，进而实现态度、行为的转变。

厘清这个概念后，我们就能更好地学习以下让对方欣然接受批评的技巧了。我通过归纳和实操，发现批评人有五大技巧。

第一招，决定批评前，先问自己三个问题。

很多人之所以会经历失败的批评，主要是源于"一时头脑发热"，看不惯对方的态度、行为，不经思考就脱口而出进行批评。你要想，既然我们批评对方是希望对方能产生理想的行为，那我们就要很清楚地知道为什么而批评，想清楚才能讲清楚。我们不妨在行动前，问问自己下面这三个问题。

（1）他错在哪里？什么原因导致他出错？写下客观事实。

（2）我希望他在哪一点上得到改善？希望他能改善到什么程度？这是批评的目的和目标。

（3）既然出现了问题或纰漏，那我可以为对方做些什么来帮助他？问这个问题，可以把自己从一个指责他人的人，变成一个支持他人的人。

还记得上文案例一中，在朋友圈发动态说，因为批评了一位90后下属，下属就要离职的小陈吗？我们来还原一下当时真实的场景。小陈是某上市公司市场部的经理，一个星期前，他安排部门里的90后员工小凯务必在周五下班前完成自己的述职报告，否则会影响部门全员绩效考核的进度。结果到了周五，小凯告诉小陈说，由于工作太忙了，实在排不出时间去写那份材料。小陈当场就怒了，他可是捶着胸脯跟总监保证过本部门的员工会按时完成述职报告的。于是，小陈不顾自己办公室门没关，就直接对小凯吼道："出来上班谁不忙？你做不完干吗不早说，非得今天才告诉我？你交不了材料，是打算让全部门的绩效考核都评不出来，都去喝西北风吗？"办公室外突然一片寂静，同事们都听见了。小凯沉默了几秒钟，也不示弱地直接回了小陈一句："那我离职好了，反正少了我，你们的材料就都齐了，都有饭吃了。"然后小凯立刻回座位开始写离职申请。

你来分析一下，他批评下属时出现的问题在哪里。

（1）小凯犯了什么错？他晚交了述职报告，并且压着时间节点才通知陈经理这件事。为什么出错？因为工作太多而没能分配出时间写材料。

（2）陈经理希望他哪一点能改善？希望他能改善到什么程度？陈经理希望小凯一方面能按照时间节点及时提交材料，另一方面能及时汇报特殊情况。

（3）陈经理可以做些什么来帮助小凯？其实，陈经理可以在节点未到之前，主动了解小凯的工作进度及工作量，让小凯也能跟得上节奏，或者向总监及时汇报本部门员工出现的特殊情况，争取总监的谅解，及时补交材料。但最终陈经理却通过一段批评带偏了话题，导致小凯直接怄气离职了。所以，在决定批评前，先停下来，问自己这三个问题至关重要。

第二招，合适的地点，事半功倍。

曾国藩在传授给他弟弟曾国华的管理秘诀里说，"扬善于公庭，规过于私室"。什么意思呢？就是说，对待立有战功的将士要公开表扬奖励，而对待违反军规、犯有过失的将士则应在私下批评，帮助其改正。

首先，批评的时候最好一对一单独谈话，这样可以避免伤害对方的自尊心。在上一个案例中，小陈忽略了这个因素，办公室门没关就直接噼里啪啦给小凯一顿批评，遇到自尊心强一点的人，必然会和你较起劲来。

其次，与被批评者的相对位置也很有讲究。如果你想营造一个轻松的氛围，就坐在他旁边，或是两人分坐桌角两侧。如果你希望把批评的氛围营造得正式些，则可以坐在对方正对面。

好，完成了这两步的铺垫工作，接下来让我们来看看话术方面的技巧吧。

第三招，完美开场二选一。

在决定批评对方时，要么先表扬一下对方，要么先稍微批评一下自己，然后再切入正题。这样做有什么好处呢？

"逃避不快，追求愉悦"是人类行为的基本原理，也是本能。也就是说，人们天生就喜欢去做让自己感觉快乐的事情，而对于会让自己悲伤、害怕、痛苦的事情，人们总是希望能避开。如果你批评对方，即使你说的是对的，但当他感到不快时，就会采取消极的行动。批评人时，最重要的就是避免让对方产生不快，尽可能往产生愉快情感的方向引导对方。

因此，完美开场的第一种方式叫作"先扬后抑"。先表扬对方，再提出希望对方改进、完善的地方。比如，我之前为一家企业产品发布会做主持时，就看到过一个很不错的例子。当时，企业品牌部的主管与其他部门同事在探讨发布会策划案，估计小同事的文案中有些部分不符合预算，于是，那位品牌主管和负责文案的小同事说："谢谢你的策划案，相当专业，我果然没找错人。"小同事连忙说："谢谢，这次的文案，我的确是花了不少心思写的。"说着，脸上划过一丝腼腆的笑。那位主管接着说："对了，目前我们的预算费用有多少？打算怎么分配到这些环节中？"小同事回答："预算好像是七八万的样子吧，我没特意去算怎么分配，就都选择了最好的资源。"主管接着说："凡事追求最好是一种不错的工作态度，但公司的预算必须严格控制。千万要做到心中有账，知道有多少费用，能花多少费用，在预算范围内做到最好。"小同事挠挠后脑勺，腼腆地笑了笑，告诉主管自己会再测算并调整一下方案，晚点答复。可以看出，主管的这一沟通方式非常顺利地达到了目的。

完美开场的第二种方式叫作"责人先责己"。为了了解被批评者的心理状态，我们曾做过一个小范围的问卷测试，其中有一道题是：你最反感的批评是什么样的？有一半以上的答案是——最讨厌的批评是，明明不是我一个人的错，却非得把帽子全扣我头上。

迪斯雷利曾说，"坦率是批评最灿烂的宝石"。为什么有些人的批评虽然严厉，却不招对方怨恨，而有些人的批评才开口，就已经注定收不了场。这源于你能否与对方建立信任感。"责人先责己"这个方法，会向对方传递一种坦率而真诚的信号——"我们是一起的，有责任一起抗"，能够在短时间内拉近两人距离，建立统一战线。举个例子，我们公司课程开发组的组长和组员间曾经发生过这样一组对话，我觉得很实用。

组员：老大，这是前两天你让我做的厦门那家企业的内训课程策划书。

组长：谢谢哦。我先看看。

组长：时间这么短，能做成这样真心不容易，中午给你加个鸡腿。

组员：谢谢老大。

组长：不过我得和你道个歉，可能我没有解释清楚。这个分析中如果能再强调一下我们的优势，尤其是开发课程维度的优势，应该会更好。

组员：那需要再修改一下吗？

组长：要麻烦你改一下，重点突出我们的优势，这样给客户的感受会更好。

组员：好的，那我一小时后再给你。

好，这两个开场方式介绍完了，你学会了吗？接下来我们进入第四个技巧。

第四招，一步到位——不要贪多求全，一次就批评一个点。

错误的批评总是有一个共性，那就是太贪心了！大家一定要记住，滔滔不绝的批评收效甚微，批评的时间与效果并不成正比。

有些人在批评时喜欢说"你总是失败，你又犯错了，你怎么老这样呢"，然后开始一股脑儿地翻旧账，扯出一条又臭又长的"批评清单"。这样的批评方式不仅会把对方的一个行为普遍化，还会彻底消磨对方的耐心，等你发泄完了，别人可能一句都没听进去。如果你总是说负面的话，对方就会采取负面行动。

那么，我们应该怎么批评才能让对方理解到我们的重点呢？原则上，每次批评时，只要批评一个点。比如，当你发现对方报告提交超时了，而且质量不达标，要和对方说哪一个点呢？哪个点重要，你就指出哪个；哪个点产生的影响大，就说哪个。质量和速度是评价一项工作完成情况的关键指标，但质量的重要性更高，所以如果是我，我会先从质量入手。

第五招，轻话说重，重话说轻。

批评人的时候，轻重最不好拿捏。分享一个小技巧：事情越轻，你的批评反而要说重；事情如果真的很严重，你反而要把话说轻。

举个例子。体检的时候，如果被查出有"三高"（高血压、高血脂、高血糖），医生会非常严肃地跟你讲："要注意啊""这样下去不行啊""什么病都会有啊"；可是要真查出绝症了，医生反而会说得比较轻松："没事""不要有心理负担""这个病现在治疗方法已经很成熟了""我们有很多专家，都很有经验""你要认真地遵医嘱"。又比如，某位同事小王提交的文案中经常会有错别字，这事并没有直接造成损失，但这个粗心大意的习惯非常不好，你可以说重："小王，你提交的文案质量很不错，但几乎每次都有错别字，如果客户看到这样的文案，会怀疑我们的专业性，老客户口口相传，可能会进一步影响我们在业内的口碑。这件事可不是闹着玩的，你得思考一下该怎么解决！"再比如，财务小李在给第三方付款时，不小心出错，多付了三万多元。小姑娘每月的工资才三千多，想到可能追不回，需要自己垫资赔偿，她的内心无比煎熬。这时，她已经认识到自己的错误了，而且非常紧张，你反而可以说轻："小李，这件事已经发生了，你也别太往心里去。我先和第三方沟通一下，如何解决咱们再商议。未来的工作中，要特别留意哦。"

说话慧有招

我们来总结一下让你的批评被对方欣然接受的五大技巧。

第一招，决定批评前，先问自己三个问题。先问自己三个问题，想清楚了，才能讲清楚。

第二招，合适的地点，事半功倍。人都是有自尊心的，自尊心被踩踏了怎么可能开心？

第三招，完美开场二选一。尊重人的本能，并且让对方知道你和他是站在同一条战线上的。

第四招，一步到位——不要贪多求全，一次就批评一个点。原则上，一次只讲一个重点。

第五招，轻话说重，重话说轻。就事论事，也需区别对待。

大家可以在工作或生活中多尝试以上技巧，我很期待你能掌握批评的艺术，赢得和谐的人际关系。

13

如何真诚地向别人表达歉意

如果我问你，你人生中有没有什么恩恩怨怨、争吵不休的故事，你估计会跟我大倒苦水。当时的怨恨可能让你一直对某一个人或者某一件事无法释怀，甚至因为误解造成你和家人、朋友关系的决裂，断送了亲情、友情、爱情。可转念一想，你是不是在与他人交往的过程中也犯过错呢？当然有。你在记恨伤害过你的人的同时，也可能同样被他人记恨着。每个人都会犯错，犯错后该如何解决呢？人与人在交往的过程中，会自然而然地产生这样一种沟通方式——道歉。

或许你会说：道歉有什么难的呀，说声"对不起"不就行了。其实，真正的道歉并不是嘴上说说而已，而是要发自内心地表达，如此才能真正获得别人的谅解。然而，现实生活中，不少人连嘴上说句"对不起"都困难，更别说发自内心地道歉了。你身边有没有从来不道歉的人？你的大脑迅速搜索了一遍，这样的人还真有。这些人为什么不愿意道歉？一方面，他们常把反驳和解释当作一种本能，排斥道歉；另一方面，他们担心道歉会显得自己胆小怯懦，失了面子，放不下自以为是的自尊心，为了保持貌似威严的形象，所以拒绝道歉。事实上，你有没有发现，这些从不道歉的人，大多性格强势，身边也没什么朋友，与家人相处得也不怎么融洽。

除了没办法开口说"抱歉"，大部分人还容易遇到这样的问题，就是明明已经说了"对不起"，可对方还是不原谅我，还是不接受我的道歉，甚至有时候会让我们的关系愈加恶化。或许，此刻正在看这本书的你也是一个不会道歉的人，正被复杂的人际交往深深困扰，始终不明白自己的问题到底出在哪里。其根源在哪里呢？根源就在于你根本没意识到自己错在哪里，或者是你的态度不够诚恳，你的道歉让对方感受不到你的真诚等。这该怎么办呢？道歉就是为了改善关系和误会的，如果你的道歉达不到效果，甚至适得其反，那你就该好好学习下面的内容了。

要知道，真诚的道歉是人类所有交流中最优雅的表达之一，不仅能改变个人与个人间的关系，还能改善整个大环境，甚至可能影响整个人类文明的进程。没想到一个小小的道歉就有这么大的威力吧？具体来说，国与国之间发生冲突或者误会，真诚的道歉很可能会化解一场战争。个人与个人之间，一次真诚的道歉可以让犯错的一方减轻内心的恐惧和内疚，而接受道歉的一方则可以化解内心的愤怒、怨恨甚至屈辱，进而原谅和宽恕对方。

真诚的道歉还是一种疗愈心灵创伤的方式。很多时候，一个人突然产生愤怒情绪的根本原因在于，受到他人言语上或者行为上的攻击，特别是尊严受到了贬低甚至侮辱，自己的安全区受到了侵犯。而真诚的道歉，就是减轻这种侮辱带来的伤害的最好疗愈方式。真诚的道歉能让人重新回到自己的心理安全区，心情也会慢慢平复。

接下来，我们一起来看几个道歉的小案例，看看这些道歉到底"真不真诚"。

场景一：你摆脸色给谁看？

老公和你大吵一架后不欢而散，你俩"冷战"了好几天，可是，家里烦琐的事情那么多，大到操办酒席，小到接送孩子上下学，事事都需要两个人有商有量才行。老公来到你身边说："对不起，老婆，我错了！"你沉默着不说话，眼睛也不瞟他一眼，心里的气却消了一大半。过了几秒，他见你没有任何回应，拉下脸说："我都道歉了，你还要怎么样，最近家里什么事情你都不管，我都说了对不起，你还要我怎么样？摆脸色给谁看啊？"这话一出，你心里好不容易熄灭的小火苗又变成了熊熊烈火。"我都道歉了，你还要怎么样"这句话，大部分女人是不是特别熟悉？这句话就像是男人的口头禅一样，但也是道歉的大忌，这就涉及道歉中最重要的问题——真诚。

在上面这个案例中，妻子明显感觉到了丈夫道歉时表现出的敷衍和不真诚。很多男人会说："我没有不真诚啊，我是真的想向她道歉。"错，真正的道歉绝不只是简单的认错，而是你发自内心地想维护和修补你们的关系，而不是通过道歉达到自己的目的。在这个案例中，丈夫只是想通过道歉来换取妻子重新照料孩子、维持家庭各项生活的正常运转而已，并不是发自内心的道歉。

场景二：那个花瓶自己倒下来了。

中午，你正在厨房里做饭。忽然听到身后传来"啪"的一声巨响，你拿着铲子赶忙跑出去，一看，儿子打碎了家里最贵的那个花瓶，正站在那里不知所措地看着你。你气得不行，真想抄起滴着油的铲子敲他一下，可是锅里的菜还烧着呢。做好饭，儿子一脸委屈地站在你面前，畏畏缩缩地说："对不起，妈妈。我也不知道怎么了，我走过去时没做什么，那个瓶子就倒下来了……"你一言不发地瞪着他。儿子接着说："可能是我早上没吃饱，走路没走稳，不小心轻轻碰了它一下，谁知道它那么容易就破了。"你听完，二话不说，抄起鸡毛掸子就打了下去，整个房间里就只剩下儿子嗷嗷的惨叫声了。儿子是不想道歉吗？显然儿子是想道歉的，而且态度很诚恳。那为什么你的怒气还不能消下去呢？因为他很害怕被责备，所以在找借口。有的时候，错了就是错了，事情已经发生，并且没办法挽回，我们需要诚实地说出真相。

场景三：我是不小心的，你不会生气吧？

前几天，你的同事不知道是有意还是无意地拿错了你的文件，弄得你交错了文件被上司责骂了。本来最近打算和老板提加薪的事，这下全都泡汤了。你心里窝了一肚子火，她却笑嘻嘻地端着一杯咖啡，边喝边走到你的办公桌边，说道："哎呀，我不小心的，对不起咯，你不会生气吧？"听到这话，你心里更生气了，但其他同事都看着呢，她都这样说了，总不能当众发飙吧，那显得自己多没有教养。于是你只能忍住怒火，抽了抽嘴角，挤出一个超级难看的假笑说："怎么会呢，这种小事我是不会放在心上的。"看着她端着咖啡杯心满意足地扬长而去，你真是气不打一处来。

在这个场景中，女同事的问题在于她的道歉太"随意"。要知道，我们做了什么需要道歉的事情，本质上都是希望得到对方的原谅，这个时候首要的任务就是认真对待道歉这件事，而不是轻飘飘地一带而过，随意地说句"对不起，你不会生气吧"，甚至都没正眼瞧对方一眼。

显而易见，以上三种道歉方式都不够真诚，所以结果可想而知。道歉是我们工作、生活中非常重要的一种沟通方式。到底什么样的道歉才是真诚、不失礼貌的道歉呢？我们一起来梳理一下道歉的方法。

第一招，拒绝附加条件。

很多人容易陷入这样的误区，常常为了得到什么才去道歉，希望对方因为我们的道歉而做出我们期望的行为。如上述第一个场景中的丈夫，他是希望妻子能够继续操持家务，才不情不愿地去道歉。当没有得到妻子反馈的时候，丈夫就马上变脸，甚至还会去质疑被伤害的人是不是真的受到了伤害，是不是对方太小题大做、无理取闹了。这些逃避的心态，不仅会延长认错的周期，还可能对被冒犯的一方造成二次伤害。其实，在道歉的时候，我们要时刻谨记一点，说出的"对不起"三个字应该是发自内心的；我们道歉的目的也应该纯粹一点，就是向对方诚恳地表达歉意，而不是有任何其他目的。你可以套用这个公式：承认自己的错误＋肯定对方的价值或承认给对方造成的伤害＝一个好的道歉。切忌出现"你能不能""你可不可以"这一类要求型的语句。在上面这个故事中，如果丈夫能说："对不起，亲爱的，上次的事情我实在太过分了，惹你生气了。最近我才发现我们的家真的离不开你。"这样的话一出口，相信当下夫妻俩的关系就能缓和了。

第二招，不要找借口。

人都喜欢为自己做错的事情做出解释、找出理由，觉得自己并没有错或者自己的错误没有那么严重。有句话叫作"解释就是掩饰"，因此请不要把解释变成找借口。不管你怎么找借口，做错了就是做错了，找借口和啰唆的言语只会让对方更加恼火，对方会认为你根本没有认识到自己的问题，反而只想着如何给自己开脱。道歉应该简洁明了，既要明确地承认自己的错误，又要表达自己的歉意。你可以这么说："妈妈，这件事我做得不对，我太粗心大意了，打破了您最喜欢的花瓶，我也觉得很抱歉。"这才是一个真诚的道歉应该具备的要素。

第三招，放大法。

一般来说，道歉这种事是只有在我们做了伤害他人利益或情感的事时才会去做的。需要注意的是，事情的大小或是严重程度都应该由对方来评定，而不是我们自己的认定，像"没事儿，就是一个小事，没什么的"。所以，在道歉的过程中，我们可以适当地"夸大自己的错误＋放大别人受到的伤害"，这也叫作"蚂蚁搬大象道歉法"。森林王国里，狮子国王命令一只蚂蚁去搬大象。可无论它怎么努力也搬不动，于是它说："对不起，搬不动大象都是我的问题，是我能力不足，等我回去锻炼好以后再来搬。我现在需要回家好好反省一下。"蚂蚁这么一说，狮子国王会责怪它吗？当然不会，说不定还会反过来安慰它呢。上文的第三个场景中，这位女同事道歉时，可以这么说："真是对不起，做了这么过分的事情，让你很不开心。我实在不知道该怎么寻求你的原谅，我自己都觉得自己很过分，下次我一定改正。"这位女同事就好比那只蚂蚁，很主动地背负起责任，而责任好比那头大象。当这位女同事真诚地表达出问题都出在自己身上，给对方造成了困扰，为此感到很难过时，对方会觉得，这样一件小事，她都这么放在心上，这么内疚，看来她真的很在乎我这个同事。这么一来，你看，误解是不是很快就化解了。

说话慧有招

我相信你一定已经学会了真诚道歉的方法，让我们一起来回顾一下吧。

第一招，拒绝附加条件。"承认自己的错误 + 肯定对方的价值或承认给对方造成的伤害"。

第二招，不要找借口。"明确承认自己的错误 + 表达自己道歉的心情"。

第三招，放大法。"夸大自己的错误 + 放大别人受到的伤害"。

　　有时候，一次犹豫着迟迟没有说出口的道歉，会让我们错过人生中非常重要的那些人。你有哪些因为没有想好怎么去道歉而留下遗憾的经历呢？希望你鼓起勇气，运用我们的三个公式去真诚地道歉，相信一次真诚的道歉能够融化两个人关系中的"冰雪"，或者化干戈为玉帛，让你们的关系更加融洽和稳固。

说到人心坎里的安慰方法

在平时的生活中，你是否常常遇到这样的情况呢？你的闺密和男友分手了，不论你怎么劝她，她还是难过得寻死觅活。你安慰她说，好男人到处都是，难不成要在一棵树上吊死？谁知，女友一听，愤然起身离去，此后再也不理你了。你的好兄弟在一家公司辛辛苦苦干了好些年，眼见着要升职，却突然没有任何征兆地被辞退了，不论你怎么开解他，他还是情绪低落得只想酗酒。又或是你的女友在公司表现异常优秀、业绩突出，可"木秀于林，风必摧之"，她总是被同事们挤对。一日，她委屈地向你抱怨，冲动得打算明天就辞职。你劝她再忍忍，离晋升不远了，她却怒目而视，说你完全不理解她的感受，根本就不爱她。

然后，她生气地甩袖而去，惊得你目瞪口呆，不知自己哪里说错了。这些场景是不是让你有一种似曾相识的感觉？是不是心里默默飘过一句话：好心被当成驴肝肺？是不是还隐隐觉得很委屈，我明明是在关心你，你非但不领情，还完全把我当仇人啊？

安慰人这件事情，说起来好像挺简单的，但在生活中操作起来却不容易。稍不留神，不但不会起到安慰的作用，反而会适得其反，让对方的情绪更加糟糕、更加愤怒、更加难过，甚至会影响你们之间的感情。你本来打算雪中送炭，最后却让对方的情绪雪上加霜。所以，你会在心里问自己一句："我真的会安慰人吗？"其实，大部分人不但不会用正确的方法去安慰他人，反而常常掉进"坑"里，让对方的情绪更加不稳定。

比如下面这个案例：

你养了多年的小猫咪凯莉突然死了，想起以前和它相处的美好时光，想起每天下班一身疲惫地赶回家，打开门之后它都会扑到你怀里撒娇，你一天的劳累瞬间就消失了，可现在你最爱的小宝贝却离你而去……越想越难过伤心欲绝的你找闺密诉苦，她却说："哎呀，这有什么好难过的，死了就死了呗，再买一只更可爱的不就好了。最近东街开了一家新的宠物店，我陪你去看看吧。就一只猫而已嘛，没什么大不了的，我前几天还和男朋友分手了呢。你赶快开心起来，可爱的东西可多了，下次买一只狗来养吧，狗活得比较久。"这些话是不是让你越听越气，甚至很愤怒，觉得对方是在嘲讽你，一点也不理解你。现在，你明白为什么有时候你越安慰别人，对方反而更生气了吗？可见，在安慰人这看起来小小的问题里，却藏着大大的艺术。到底怎么安慰人才是最有效的呢？首先我们要了解安慰别人的时候，容易出现的几个误区，容易遇到的"坑"。

误区一，压制。当看到我们关心的人不开心时，我们常常会因为太过在意他而犯一个大错误，那就是迫切希望他能马上开心起来，走出阴霾。可是换位思考一下，当你不开心或有其他负面情绪上来的时候，只想痛痛快快地发泄一下或者倾诉一下，却有人跑过来跟你说"别不开心了，这有什么好难过的呀"，这不是相当于说"只要倒立眼泪就不会掉下来，就不会难过了"之类的废话嘛。这种安慰方法要求对方压抑自己的情绪，本质上是在让对方饮鸩止渴，对方的情绪不但没能缓解，反而会在压抑之后变得更严重，又怎么能好起来呢。

误区二，对比。你的好朋友和心爱的男友分手了，你想安慰她，所以你开始列数自己20多年来的悲惨人生，想着在巨大的对比下你的闺密一定会觉得她自己幸福多了。你的这种想法简直大错特错。在你唠叨着说出一大段自己的悲惨经历之后，你会发现，你闺密的情绪不但没有好起来，反而会在悲伤中带点愤怒。这是怎么回事呢？因为当不良情绪涌上来的时候，人一下子就会变得很脆弱，这个时候人最需要的就是被关注。当你不厌其烦地向她讲述你自己的事情，或者其他人更加悲惨的事情时，她只会觉得你一点也在乎她，她都这么难过了你还在讲别人的事情，会一下子形成更大的心理落差，觉得你是在用其他人的事奚落她。这下好了，你本来是好心用这些悲惨的小秘密哄她开心，反而办了坏事，甚至影响了你们之间的友谊，实在得不偿失。

误区三，说教。处在情侣关系中的人最容易陷入这样的"坑"中。你在公司受了委屈，回去找男友抱怨，可是他马上打断你，滔滔不绝地给你列举了一大堆解决方案，帮你分析利弊，还说一个巴掌拍不响，指出你存在的种种问题。你明明已经很委屈了，结果还听到男友这些话，简直肺都要气炸了。

以上几个案例，你看了之后，是不是直点头，心里想：对对对，我就是这样的，我朋友就是这样的。究竟怎样安慰人才能既达到效果，又能让对方感受到你的真心呢？事实上，一个好的安慰，一定不是强硬地说教，强行解决问题，也不是虚情假意地迎合，即使不能给出很好的建议，也需要你用肯定的眼神、温柔的话语，来安抚对方受伤的心。接下来的内容就教会你，当你身边的人心情不好需要安慰的时候，该怎么说才能说到他的心坎上，让他迅速地走出情绪低落期。

第一招，鼓励对方发泄情绪。

常听人说：陪伴是最长情的告白。爱情如此，友情也是如此。在对方需要安慰的时候，你要鼓励他把情绪发泄出来，告诉他表达悲伤这样的情绪并不可耻，我们每个人都会有这样的情绪。对于悲伤的人而言，安慰的话说再多也没有用，你只要告诉他："没事，我一直在你身边，你大声哭、大声笑，没有人会笑你。""我，一直在，你尽管大声说、大声骂。"你可以给他一个拥抱，让他痛痛快快地大哭一场，你只需要安静地坐在他的身边，或者拉着他一起去跑步，一起去运动，让他把情绪发泄出去。

第二招，肯定对方的情绪。

因为能让他不开心的事情，一定是他很在乎的人和事，你急着否定他们的意义和价值，其实是在否定他自己，因为你可能无法探知这个事情背后的一些真实情况。比如案例中的女友失恋了，你不了解具体情况，就一直在说你的悲惨故事，这也好比写作文时，你只看了作文题目，却没看写作要求，就开始洋洋洒洒、自由发挥，最后离题十万八千里。当闺密的情绪上来的时候，是没有速效药可以马上解决的。这个时候你可以对她说："虽然我现在也不知道该说什么好，但是我真的很高兴你愿意和我一起分享这件事。"这句话可以说是安慰人的"万金油",不论什么样的场景,用上这句话准没有错。虽然你并没有针对她的遭遇给出解决方案,却表达了你对她的在乎,她一定会觉得很安慰。接下来,你再认真倾听她所说的话,她的情绪自然会有一些好转。

第三招,换位思考。

换位思考就是站在对方的角度思考问题,体会他的处境,理解他当下的情绪。用"说教"的方式去安慰人,不但起不到预期的效果,反而会让对方反感。在你眼里,你是在分析问题;在他眼里,你就是在对他进行各种挑剔。对方会很气恼地想:本来心情就不好了,你却像个老师一样对我指手画脚、各种挑剔。所以,安慰人的时候,一定不要说"应该理论",不要把自己的道德行为准则强加在别人身上。你可以把"说教"换作绕指柔:"亲爱的,如果我是你,我也会很生气的。不过看你这样,我很心疼,在工作中遇到不开心的事是难免的,我希望你晚上好好睡一觉,醒来就会元气复活了。"

这就是告诉对方,如果你是他可能会更加生气、更加委屈,或许还没有他处理得好。本质上,你能理解他的情绪,其次,你可以主动表明,因为很关心他,所以他这么难过委屈你很心疼,希望他能够快一点好起来。总结起来,话术就是:"换位+关心+希望"。你要学会做那个站在对方情绪身旁的人，而不是站在对方委屈对面的人。有时候，一个好的安慰反而会成为你们感情的催化剂。

说话慧有招

让我们来总结一下这三种说到人心坎里的安慰方法吧。

第一招，鼓励对方发泄情绪。让对方明白你会一直陪伴在他的身边，让他有安全感。

第二招，肯定对方的情绪。告诉对方你现在的心理感受，让他感觉到你是非常关注他的。

第三招，换位思考。理解对方的情绪，将自己代入，让他明白他的情绪对你的重要性，并表达你对他的期望。总结起来，话术就是："换位 + 关心 + 希望"。

这三个小妙招，你学会了吗？我相信你一定能把这些方法运用到生活中，把安慰的话说到人心坎里，帮助身边的人解决负面情绪，做你爱的人的"小太阳"吧。

15

轻松赢得别人支持和帮助的沟通方式

在职场中，你或许遇到过这样的情况：工作无法开展，项目难以推进，期限不断逼近，心里越来越乱。你急得抓耳挠腮，脑中一片茫然，心想要是有人伸出援手、帮忙出出主意就好了，思考了好多遍，可抬头一看，同事们都在忙自己的"一亩三分田"，请求的话到了嘴边还是说不出口。翻来覆去琢磨了好长时间，好不容易说出请别人帮忙的话，对方却推三阻四，甚至直接把你拒绝了，让你异常懊恼。可惜生活不是动画片，不会有哆啦A梦在身边，时刻能得到他的帮助。到底要怎么办，才能轻松赢得别人的支持和帮助呢？

其实，不少人都不敢求助于别人，因为怕遭到拒绝。

真实的情况是怎样的呢？有两位社会学家做了一个实验。他们让实验者去街上找陌生人做问卷调查，出发前，两位社会学家让参加实验的人先预估自己能找到多少位愿意配合完成问卷调查的人。结果实验显示，愿意帮助他们完成调查问卷的人数，比他们事先预估的人数多了一倍。因此，真实的情况是，别人比我们认为的更愿意帮助我们。所以，在需要别人帮助时，我们不妨勇敢地说出来，你会发现其实并没有那么难。

不过，也有人会问：就算你主动向他人表达了寻求帮助的意愿，就一定能获得支持和帮助吗？说出请求却惨遭拒绝，最后不得不孤军奋战的，也是大有人在啊。那么，究竟该怎样沟通，才能让别人愿意支持和帮助你，和你一起上阵杀敌、赢得胜利呢？接下来，我给你分享四大招，让你不再孤军奋战。

第一招，平时要注意"培养战友"。

换句话说，平时就要让你身边的人成为自己的亲密伙伴，最好能培养一些能够和你一同出生入死的"战友"，你一旦有事情，他们就会第一个冲出来帮你。那怎么才能做到呢？社会心理学有这样一个原理，叫作"互惠原理"，即如果你帮助过别人，那他心里总会有亏欠你的感觉，下次你需要帮助的时候，他就会更愿意伸出援手。正所谓"吃人嘴软、拿人手短"，受了别人的恩惠，大部分人总想着未来要报答对方。所以，我们平时就要多多帮助别人，这类似于在我们的人情账户上存更多的"款",这样,当你需要取出来用时,才会有足够的余额。

这里要注意,我们应该大方主动地在工作中帮助他人,你先行动了,就会激活人与人之间的"互惠原理",也会因此增加未来得到帮助的机会。与其说爱笑的人运气都不会太差,倒不如说爱帮别人的人,别人也都更喜欢帮助他。当然,你可能会说,平时总是帮助别人,可自己需要帮助时却无人问津,真是世态炎凉、让人心寒。这又是怎么回事儿呢?其实,在为别人提供帮助以后,你需要把这种互相帮助的态度,以及未来可能寻求帮助的可能性表达出来。具体来说,只要我们把自己说的话,做一个微小却很重要的调整就可以了。比如说:"能帮助你我真的很高兴,因为我知道,在一个人需要帮助的时候,能有人伸出援手是多么重要。"这么说,其实是在强调人与人之间本来就应该互相帮助,让对方放下受惠于他人后的心理负担,愉悦地接受你的帮助。或者你也可以这样说:"你别跟我客气,因为我知道,如果我找你帮忙的话,你肯定也会这么做的。"这么说,其实已经为未来埋下了伏笔。这两种说法都委婉又真诚,如此一来,别人在你需要帮助的时候,会更乐意伸出援手。

第二招,"战斗"前"做好动员"。

经过大量的努力,你已经培养了很多亲密"战友",可真到"打硬仗"的时候，如果你不做好"战前"动员的话，大家的士气不但不会高涨，还有可能临阵退缩。你会发现，当你找对方帮忙时，对方会显得特别为难，尽管你马上滔滔不绝讲起了往日的情谊、当前的困难、未来的愿景，对方可能也会很感动，可最终还是拒绝了你。问题出在哪里呢？其实，对方的为难，可能在于他对帮你这件事有心无力，或者还没有足够的心理准备。这时，你需要在背后推他一把，就像部队打仗前要"动员"士兵、鼓舞士气一样。

怎样来做动员工作呢？你只需要说出两件事即可，分别是"戴高帽"和"战利品"。"戴高帽"，就是要凸显对方的重要性，让他觉得被关注、被重视，如这事就他能搞定，没他肯定不行。心理学告诉我们，人在被别人给予很大期待的时候，其行动意愿会大大增强。比如说："这件事情实在太专业了，除了你，我想不到其他人选。"或者说："当时看到这个状况，我第一反应就想到了你，因为你上次遇到类似的情况时，处理的方式和效果简直就是教科书级别的。"如果你这么说，对方会觉得被尊重，会认为自己有价值，从而会愿意帮助你。接下来，我们要讲"战利品"，即告诉对方，打赢这场"胜仗"后能得到什么好处。这样对方就明白，自己伸出援手，不仅仅是帮助了朋友，他也能从中受益。比如说，"这个项目是现在老板最关注的，能够参与进来并且做好的话，老板肯定会记得你的"：或者还可以来点更实惠的，

"如果拿下这个客户的话，提成肯定也会有你一份的"。这样，对方既能感觉到自己被重视，又能从中受益，何乐而不为呢。你说对吗？

第三招，给对方"提供弹药"。

对方现在要帮你"打硬仗"，说不定还是一场"殊死搏斗"，你总不能让对方抡着拳头上吧。也就是说，尽管别人答应要帮助你，但你总不能当个甩手掌柜，把事情全部交给对方，自己却拍拍屁股什么也不管。上前线"打仗"，我们都会给将军、士兵提供武器装备、弹药等等，同样，人家愿意帮你，那你当然也要提供必要的资源和协助，并且在你寻求对方帮助的时候，就应该把自己已经做好的，以及未来可以提供的资源，明确地告诉对方。这样，对方不但会觉得你很真诚，而且有你全程提供协助，这件事情的难度也降低了。具体来说，你可以这样讲："这是我之前收集的所有与这个任务相关的资料，非常有参考价值，应该可以帮你减少不少工作量。"或者还可以这样说："后续涉及沟通和协调的工作，我都可以出面帮你搞定，你可以安心专注于攻克这个难题。"当然，你给对方提供的，需要是你已经扎扎实实做好的准备工作，同时，答应将来要协助的也一定要做到，答应对方获得的利益也一定要给到，不能给对方开"空头支票"。这样的话，你们这一次合作会非常愉快，下一次合作也会更加容易。

第四招，要召开"表彰大会"。

古往今来，打了胜仗后，对那些作出突出贡献的将士一定要搞一个盛大的表彰大会，授予他们荣誉勋章，把他们的功勋昭告天下，对他们致以崇高的敬意和衷心的感激。工作和生活中也是如此，别人帮了你，你一定要在事后，第一时间表达你的感激，如果有可能的话，还应该把他对你的帮助让其他人知道。行为科学家已经发现，在得到别人的帮助之后，跟对方热情地表达感激，会让对方再次帮助你的意愿提高一倍多。而且，如果你把对方给予你的帮助告诉更多人的话，既会让对方获得更高的价值感，也会让其他人知道，你是一个知恩图报的人。这样有意无意中，你便培养了更多未来可能会帮助你的"潜在战友"。当然，你表达感谢时一定要走心，那些不走心的感谢其实反而不如不说。我们经常听到这样的话："真是非常感谢你的帮助。""你真是太优秀了，这件事多亏有你。"虽然表达了感谢，但这种感谢却很难打动人。该如何走心地向帮助你的人表达感谢呢？在这里，给你拆解一个最简单的小妙招：先讲对方做了什么，再说得到了什么结果，最后说谢谢。比如，你可以这样说："在项目进展最紧要的时候，你帮我完成了市场调查，让整个项目得以顺利通过，真的很感谢你。"或者说："在整个团队都不知道该怎么办的时候，你跟我们分享了你以往的成功经验，让我们找到了新的解决方法，真的不知道该怎么谢你才好。"你看，这样说是不是让人感觉真诚了很多呢？

说话慧有招

该怎么做才能轻轻松松赢得别人的支持和帮助呢？我们一起来盘点一下四大妙招吧。

第一招，平时要注意"培养战友"。平时多帮助别人，且一定要真诚，不要目的性很强地帮助他人，还要为接受你帮助的人卸下心理负担，让对方愉悦、无负担地接受你的帮助。即使你打算为未来寻求对方帮助打下基础，措辞也应该委婉有技巧。

第二招，""战斗"前做好动员"。要懂得为对方"戴高帽"，让对方知道你很重视他，让对方感觉被尊重、有价值感，也要会讲"战利品"，即明确地告诉对方，他提供了帮助后可以从中获得什么。

第三招，给对方"提供弹药"。把你已经做好的工作和未来可以提供的协助明确地告诉对方，并且要说到做到。

第四招，要召开"表彰大会"。走心地表达你的感激，如果可能的话，要公开表达感谢，培养那些潜在的"战友"，且答应对方的利益一定要兑现。

大家可以多多尝试使用这四招，用好的沟通方式，轻松赢得别人的支持和帮助。相信你一定能够成为不仅让别人不能拒绝的人，也成为别人不想拒绝的人。

巧妙改变内向不善言辞的技巧

世界上大约有 1/3 的人是性格内向的，而大部分性格内向的人都不善于表达。因为日常很少主动表达自己的观点和看法，大部分时间处于聆听他人畅所欲言的状态，好不容易鼓起勇气发一次言，或者被点名要求表态时，又可能因为逻辑混乱、紧张等原因，要么语塞，要么支支吾吾、语无伦次。不善言辞的人，时常处在被动、附和他人的境地。最终形成一个"怪圈"，越不愿意发言越内向，越内向、胆怯越不敢发言，最后连日常的沟通都成了问题。

去一家新公司面试，看到对面齐刷刷坐了一排面试官，本来这只是公司例行的一场面试，你感觉却像是在"拷问"你。一听面试官提问，你顿时觉得心跳加速，回答问题时，要么逻辑混乱地说一气，要么舌头打结，憋不出几句话来，要么答非所问，最后让面试以失败告终。好不容易在多次碰壁后，进了一家公司工作。公司团建聚餐，领导和同事们热热闹闹地聚在一起喝酒聊天，好不畅快。不少新进公司的同事纷纷端着酒杯向领导、前辈敬酒，自如地说着感谢的话，而你却如坐针毡，不想敬酒，也不懂怎么敬酒，只一心盼着聚会早点结束，回家躺在沙发上。面对必须发言的场合时，你总是如临大敌，甚至几天以前就开始惴惴不安，站到台上发言时，紧张得要命，声音发抖，腿也在发抖，吞吞吐吐，话说不到点上，心里则想着大家都在看我的笑话吧，发誓下次再也不上台了，太难受了。

我一个朋友森森，就是一个特别腼腆的技术宅男。平时除了帮着公司做PPT外，一回家就是打游戏，他很少和其他人交流，好像生活在另一个空间。开会时，一轮到他发言，他就因为紧张而声音颤抖，手也会一直抖。最要命的是，和他沟通问题时，他的回应总是慢半拍，同事们开玩笑说他就和树懒一样，回答一句"好的"，然后就沉默不语了。他常常是个聊天终结者，大家聊得兴高采烈，他要么不说话，要么一说话就把话题聊"死"了。有人偷偷问我：森森这么不爱说话，是不是心理阴暗啊？其实，森森是个特别善良、乐于助人的男生，平时我制作PPT遇到问题请教他时，他都会用心地帮助我。他也是一个工作努力、勤勤恳恳的人，但就是因为内向、不善言辞，结果在别人的印象中成了一个冷漠、呆板、不苟言笑的人。你看，被人贴上这样的标签，是不是感觉很不舒服？

的确，内向性格的人有各种烦恼，他们或许总是不能立刻适应新环境，初次与人见面时会过于拘谨，不能旗帜鲜明地表达个人意见，缺乏协调性，不喜欢集体行动，很多场合都会很紧绷。常常不懂得变通，缺乏自信，要么事事服从他人的意见，要么动不动就与人对立，常常有孤独感，说话更是缺乏魅力。性格内向就一定不善言辞，就注定不能走向自己人生的巅峰，就要永远跌落在谷底、匍匐过一生吗？显然不是。那么，该如何让性格内向的人破壁思维、改变策略，从木讷、不善言辞转变为可以妙语连珠呢？接下来，我就给内向的伙伴们支几招。

第一招，正视自己，内向是特点而非缺点。

幸福快乐的首要问题，就在于一个人愿意成为他自己。前面提到，内向不善言辞的人约占世界总人口的1/3，这意味着每三个人里，就有一个是内向且不善言辞的，因此你并不孤独。要正视自己，性格内向不是缺点，而是你的特点。不要觉得自己内向不善言辞就比别人差一大截，就变得自卑，不想和外界接触，甚至封闭自己。更不必怀疑自己存在的价值，在这个世界上，无论是外向还是内向，每一个人都能找到属于自己的位置。

实际上，正如日本作家榎本博明在《内向所以成功》一书中所指出的，内向性格的人的长处：拥有扎实沉稳的工作秉性；有着强烈的上进心；与生俱来的诚实；给人乐于深交的好感；有同理心，能够体谅他人的苦痛和缺点；谨慎稳重的态度更让人放松；有不受常识所拘束的思维与想象力；精力集中，不受杂乱信息的干扰。不必盲目羡慕外向性格的人，榎本博明认为，生性开朗是现代躁动文化下的一种病态，而被迫疾驰快跑的适应性人格才是一种悲剧性格，同时他指出关系网广和关系亲密的概念也完全不同。内向性格的人，有着天生沉稳，同理心、观察力、专注力强等特点，在专业能力的钻研和人际交往的深度上，有天然的优势。所以，如果你是内向且不善言辞的人，首先要做的就是正视自己、接纳自己。美国作家莱利在《内向者优势——如何在外向的世界中获得成功》一书中感叹说："我用了很多年才发现……我是一个正常的性格内向的人。这一发现让我如释重负！"

第二招，主动出击，化被动为主动。

转变思维模式，抛掉不自信、自卑的心态，积极肯定自己、接纳自己之后，要做的就是主动出击，积极化被动为主动。话说，站在岸上学游泳，永远也别想真正学会。如果你总以自己不善言辞为借口，尽可能地避免在公众场合发言，甚至排斥一切抛头露面的机会，被动地闭上嘴，那就算用十头牛去拉你都没用。所以，主动权在你，不是吗？那么，该如何主动出击呢？你需要主动去寻找能练习表达、展示自己的地方，例如你可以尝试寻找一些演讲、读书、交友的俱乐部，先在小范围的环境里练习自己的表达能力。

拿我自己来举例吧。小时候，我是个挺内向的女孩。我是家里的独生女，但因为爸妈工作的关系，我从小是被爷爷奶奶带大的。我一直很乖巧，但也很内向，在班级里常常不敢举手、不敢发言，也不知道该如何表达自己。可是，我的内心非常渴望能像电视台的主持人那样，自如地表达观点。大学时，我学的播音主持专业，自己在表达方面有了不小的进步，但和其他同学相比，我还是有点不善言辞。毕业后，我加入了当地的演讲俱乐部。在演讲俱乐部里，没有人会因为你不善言辞而笑话你，反而会鼓励你，积极为你表达沟通能力的提升出谋划策。通过在演讲俱乐部的锻炼，我最终成了一名演讲和沟通的职业培训师。赶快搜索一下你所在的城市，看看有没有可以让自己上台表达的俱乐部或社群。把心门打开，让自己走出去，让别人走进来，放下面子观念，去做个"不要脸"——勇敢表达的人。试试看！

第三招，利用所长，讲个故事。

与不太熟悉的朋友、同事、社群伙伴交流时该如何

"破冰"呢？利用所长，讲个故事是非常有效的办法。无论是内向还是外向的人，只要一说起自己擅长的技能，一定头头是道。如果只是干巴巴地讲述，很难吸引对方，但若把你擅长的内容设计成一个故事，用讲故事的方式讲述如何做一个小程序、如何制作 PPT，甚至如何打一款游戏等，就会让你和听众产生情感链接，你的话也让大家听得入迷。我把这个方法教给我的同事森森后，他学以致用，给我们讲了一段故事，让同事们对他的印象发生了 180° 的大转弯。他是这样讲的："小时候，我特别内向不爱说话，特别喜欢玩电脑，在很小的年纪就喜欢研究各种 PPT 模板。我最擅长的就是做商务风的 PPT，能把 PPT 做得大气又科技感十足。PPT 不仅给我的生活增添了乐趣，让我找到了喜欢的事业，还让我收获了爱情。记得有一次，我暗恋的女神小敏因为不会做 PPT 来请教我，我高兴坏了。此后，借着教她做 PPT 的机会，一来二去，发现我们之间有很多共同的话题，最后她成了我的女朋友。虽然我当时是一个非常内向且不善言辞的人，但我还是找到了一个漂亮又贴心的女朋友。所以，坚持自己的热爱，宅男也有春天！"森森讲完故事后，我们简直对他刮目相看。原来不善言辞的人用这一招聊天时，和之前说话总是吞吞吐吐的形象相比，简直判若两人。其实，除了日常的交流，演讲、汇报等场合都可以多用形象化、故事化、数据化的语言，让听众更直观、形象、准确地领会你要表达的意思。内向不善言辞的你，同样可以迎来属于你的春天。

第四招，充分准备，利用工具。

内向者在表达时，常常遇到两大难题：一是无话可说，二是表达时逻辑不够清晰。有没有什么捷径可以解决这两大难题呢？当然有。一是日积月累，勤于思考，充分准备，二是利用工具。首先，大部分内向者有专注倾听别人的好习惯，所以平常要把倾听到的他人表达中的亮点，或者阅读到的有用信息快速记录下来，认真整理、思考，并消化吸收成自己的东西，以此积累素材。参加公司或其他任何活动，要抓住任何可能发言的机会，强迫自己多锻炼、多发言，同时一定要事先就参加的活动内容等做好充分了解，提前做好准备，规定必须发言的场合，提前拟订提纲，写好发言稿，反复演练，将要表达的内容熟记于胸。只有做好了充分准备，才可能避免现场即兴发挥时表达不流畅的尴尬。其次，利用工具来为演讲和其他场合的发言拟订提纲。利用思维导图将逻辑主线明朗化，表达时根据思维导图中的关键点展开，思路就会非常清晰。利用关键词阐述法，对于不善言辞的人来说也非常可行。比如，在半年总结会上，公司要求每位新员工即兴发言，表达自己在公司工作的收获。你可以这么说："在这半年的工作实践中，我有很多的话想与大家分享，但时间有限，我将它总结为三个词。第一个词：心态。心态是决定一个人做事是否成功的最基本条件。作为一名经理，势必会遇到挑战与压力，但我始终怀揣着必须拿下它们的决心，永远保持良好、积极、乐观的心态，带领团队勇往直前。第二个词：责任心。凡事全力以赴，永远牢记自己的责任与使命，不对工作打折扣。第三个词：执行力。执行力是一个人和一个团队做好事情的根本。没有执行力，一切都是空谈。"不善言辞的人，学会利用这些简单易操作的工具，便会很快找到更多更实用的说话套路。

说话慧有招

内向又不善言辞的人，常常遇到这样的情况：看到大家讨论得兴高采烈时忍不住想说点什么，但是没有任何人有反应，而另外某个人说了同样的事情，却会得到大家的积极回应。自己好不容易想要与他人沟通交流的那点兴奋感和欲望，瞬间消失殆尽。这时，你会非常有挫败感，会不断否定自己：是不是自己根本就是个不会表达的人，自己是不是很弱？该如何破解这个难题呢？本章内容分享了四大招。

第一招，正视自己，内向是特点而非缺点。性格原本没有好坏之分，不管是内向还是外向，每种性格都有自己的闪光点。内向不善言辞的人，除了要正视和接纳自己、找到适合的社群练习外，也要不轻易否定自己。

第二招，主动出击，化被动为主动。主动是你走出去的第一步，态度很重要，改变与否在于你自己。站在岸上学游泳，永远也别想真正学会。要积极主动地拓展自己的朋友圈，寻找上台演讲和表达的机会。

第三招，利用所长，讲个故事。把你擅长的内容设计成一个故事，用讲故事的方式交流，让内容生动有趣，和听众产生情感链接。

第四招，充分准备，利用工具。内向者在表达时，常常无话可说，或者逻辑表述不够清晰。如何破呢？一是日积月累，勤于思考，充分准备；二是利用工具。

好口才都是练出来的，大家在生活中尝试使用以上四个技巧吧！种一棵树最好的时间是十年前，其次是现在，从现在就开始大胆跨出第一步吧！

第四篇

职场表达方法大不同

当代社会最重要的能力之一就是表达能力。

根据相关统计，每年有将近 2000 万名职场人士深受演讲表达、沟通方面经验欠缺的困扰。在职场中，面对强势的领导、刁难的客户、做事推诿的同事，你若没有办法搞定的话，会给工作带来困扰，甚至造成无法挽回的损失。这一切的根源，都是因为你没有具备良好的表达能力。如果不能提升自己的表达能力，你永远只能是一个普通的听众，找不到自信时刻的自己。工作能力再强，进再多的职场圈子，也逃不掉被遗忘的命运。想与更优秀的职场人士进行高质量的交流，首先要有与其旗鼓相当的沟通能力。有质量、逻辑清晰的讲话显得尤为重要，得让别人觉得跟你谈话不是在浪费生命。在这个"酒香也怕巷子深"的时代，你想让更多人赏识你、肯定你，是需要你的完美表达的。因此，让我们一起打开第四篇"职场表达方法大不同"，来看看如何能在职场中游刃有余、如鱼得水吧。

我的上司很强势，和他沟通出大招

日本实业家、哲学家稻盛和夫曾说："工作是最好的修行。"我特别认同这句话。每个人在职场中都很难做到一帆风顺，我们可能会遇到强势的上司、刁难的客户，甚至猪一般的队友。没有完成好上司交代的任务、说服不了客户、和同事意见相左等问题，往往让自己的工作变得一团糟。可是，我们又离不开工作，离不开那份养家糊口的薪水，因此我们要学会在工作中"修行"。我认为，这个修行就是找对方法，与人有效沟通。如果沟通不力，职场中的你可能寸步难行；如果沟通顺畅，很多事情反而会事半功倍。

职场沟通最大的困惑就是如何与掌握"生杀大权"的上级领导沟通。他们拥有绝对的话语权，这让我们紧张和恐惧。

苹果公司的创始人乔布斯，经常打乱预定的安排，不想开会的时候哪怕一堆人已经等了好久也不开，想开会的时候便会立即通知相关人员参加，即便是在周末！他还喜欢打断别人讲话，从不耐心倾听。一旦他需要资料或者方案时，你要立刻给他，可当你费了半天劲交上时，他却已经改变主意，说这些都没用了！乔布斯不但很少赞扬别人，还经常攻击别人的想法，说它是无价值的，甚至是愚蠢的，并且告诉你研究它就是在浪费时间！光这个就已经很糟糕了，但如果他听到了一个好点子，他很快就会到处宣传，就好像是他自己想出来的一样——他就是魔鬼一般的强势上司。你们遇到过这类强势的上司吗？

不管如何，上司的性格很难改变，你的应对方法却可以改。大家要知道，沟通有问题往往是双方造成的，如果你只是一味地抱怨对方的缺点，最后会发现其实自己的问题最大。

我的闺密晨晨是一家广告公司的员工，她经常抱怨自己有一个特别强势的女上司。她说："我都怀疑她嫉妒我的美貌，在工作中她对我特别不友好，经常冷言冷语，我都受够了。"经过深入了解，我发现了她和上司发生冲突的关键点。晨晨是个典型的处女座女生，凡事追求完美，可是在别人眼里就是有点"龟毛"。在工作上，她用这样的方式做事，遇到强势的上司就像火星撞了地球。某个周一上午，女上司交代晨晨尽快把一份广告策划案做出来，但并没有告诉晨晨截止日期就甩手而去。晨晨做事的风格是慢工出细活，于是她打算从了解合作方背景、过往案例对比、新策划案撰写这几个步骤来准备。然而，她的前期调查和准备工作就用去了四天。周五一大早，女上司就来到晨晨的办公室，冷着脸大声质问："都已经第五天了，为什么策划案还没有给我？你在干什么？"晨晨听到这话后极度委屈，站起身来大声辩解："我特别重视这份策划案，所以花了很多的时间来了解企业背景，昨天才开始写，因为您也没告诉我什么时候截止，我以为不着急。"女上司抛出一句狠话："今天，必须把策划案交给我！"虽然晨晨当天加班加点把策划案赶了出来，但双方都是满腹怨言。

让我们把这个强势的上司作为案例，一起来分析一下其性格特点，再针对每一个特点来制定相应的方法，各个击破。

特征一：自尊心强，主观意识强，常常"自以为是"。

应对策略：耐心聆听、适时主动询问关键点，了解上司完整和真实的意图。

下属首先要做到的就是耐心聆听，千万不要突然插话打断对方。强势的上司有强烈的自尊心，不喜欢被别人挑战，喜欢受人尊敬、释放自己的权威感。因此，在上司讲话时，你需收起想要表达的冲动，好好听着他说话就行了。其次，把上司交代的关键点迅速记录下来，并做好备份。例如晨晨的那个职场案例，女上司要求她写一份合作策划案，这是最关键的部分，不过两个人都忽略了一个细节，那就是策划案什么时候交。强势的上司往往认为下属能够领会她的要求——策划要得很急，但事实上，下属并没有了解上司的意图。强势上司的这种"自以为是"，我们称为"知识的诅咒"。什么是"知识的诅咒"呢？ 1990 年，美国斯坦福大学研究生伊丽莎白·牛顿研究了一个简单的测试游戏，受试者分别扮演"击节者"和"听猜者"两类角色。击节者拿到一份列有 25 首著名曲目的清单，包括《祝你生日快乐》等耳熟能详的歌曲。每位击节者选定一首，然后在桌上把曲子的节奏敲给听猜者。听猜者的任务是根据敲击的节奏猜出正确的歌名。在这项实验中，最有趣的点是击节者估计听猜者猜中的概率与实际猜中的概率大相径庭。听猜者猜对的概率仅为 2.5%，而击节者预估猜对的概率是 50%。所以信息交互的不对称是职场矛盾出现的根源。案例中，当晨晨发现上司没有交代时间节点时，若能及时地在上司说话结束的那一刻提出"王总，请问这份合作策划案最晚什么时候交"的确认信息，相信后面的问题就不会出现了。耐心地聆听代表你对上司的尊重，一边听一边快速记录下他交给你的任务，及时反馈不清楚的关键点，完全理清所有任务的思路，这样前期的沟通就会非常顺利了。

特征二：脾气大，性格急躁，对事不对人。

应对策略：认真服从和执行，直接给解决意见或反馈。

和强势的上司相处，下属做任何一件事情都切记不要代替上司做决定。不要在他面前表现出想当然的态度，不要用"我以为、肯定是"这样的话术接入语。强势上司不容易接受别人的意见，所以大部分时间，下属做到服从和认真执行即可。案例中晨晨若先承认错误，提出解决方案，就能化解矛盾。"王总，很抱歉，之前因我个人原因，没有及时完成您交代的任务，我今天下午下班前就把这份策划案交给您。""这个方案在查找资料上难度比较大，我希望小陈可以协助我一下，这样我下午下班前就可以把方案交给您了。""王总，我现在还差一部分数据作为最后报告的补充，我今天就可以做好。"不要再去辩解自己想当然的事情，而是直接给出解决意见或反馈。

特征三：行动力强，要求"快准狠"，注重结果。

应对策略：主动汇报，提前完成，面面俱到。

强势的上司对于工作进程往往有很强的控制欲，而且严于律己，对下属要求也很严格。"强将底下无弱兵"，反过来说，经过高强度工作的磨炼，你的个人能力也会提升很快，出成绩的机会也多。之前提到过一个词，叫"掌控权"。强势的上司很在意工作的进度和工作的结果，为了让他随时拥有掌控权，我们应该做的就是主动汇报。做下属的一定不喜欢上司天天盯着自己做事，特别是不喜欢面对咄咄逼人的强势上司。强势的上司一般不会经常主动过问你的工作进度，你不要误以为可以放任自己自由散漫，做事慢慢吞吞。所以在工作的时候，你需要及时向上司汇报，让他了解进度，不过汇报时"快准狠"原则中的"快"你得注意了，汇报要简洁、清楚、准确，千万不要废话连篇。

如何有效地汇报？

我给大家介绍一个常用的经典模型："观点＋理由＋事例＋结论"。案例中，晨晨在做方案的过程中应该这样和上司汇报："王总，针对这家公司产品的广告合作策划案，我的策划思路是按照最高级别价位去做的。经过确认，我们这次要合作的公司是我们的老客户，实力很雄厚，而且预算很高，并且希望我们参考上次合作的老方案进行修改提升。去年他们的另一个产品广告推广，虽然不是在我手上完成的，但我通过了解，此产品去年的广告效果显著，销售额突破了两个亿。（事例）因此这次方案我汲取了之前的方案经验，增加了电视剧广告植入、新媒体（短视频、微信、微博、公众号）广告、全国 LED 显示屏广告、报纸平面广告四个部分的策划推广，所以策划费用按公司最高级别的定价来做。王总，我的方案预计明天上午下班前可以交给您，您有任何的建议都可以随时告诉我。（结论）"当你及时汇报工作进度，并且承诺完成时间后，就仿佛给上司吃了一颗定心丸，让他感觉自己已经牢牢地掌控住了整个项目的进度。如果你能提前完成任务就更好了，因为高效率的表现不仅仅是按时完成任务，更重要的是提前完成，这会让上司对你刮目相看。

针对强势的上司非常"注重结果"这一性格特点，你还需要做到的就是面面俱到。看一个案例：王总交代秘书A说："陈老板准备考察公司，你联系他一下，看他具体什么时候来。"秘书A经过电话询问后，立即向王总汇报："陈老板说下周一会过来。"王总："他们几个人来？他们怎么过来？"秘书A被问得满头大汗，哑口无言。于是王总把秘书B叫了过来，让她去落实陈老板来访一事。不一会儿，秘书B回来汇报说："王总，陈老板下周一来公司，他们一共三个人，周一下午三点会到机场，计划周三离开。我已经安排了接送他们的车子，您看这次要安排他们入住什么级别的酒店，公司长期合作的是一家四星和一家五星的酒店，您拍板后我马上预订。"我想看完这个案例后，大家一定明白为什么秘书B会更受强势上司器重了吧。所谓的"快准狠"就是这么体现的。在工作中发挥积极主动性，站在老板的立场把事情安排得面面俱到，这种下属上司会不喜欢吗？

其实，在职场生涯中，我们不仅会遇到强势的上司，还会遇到很多风格迥异的上司。这些上司有一个共同的特点，那就是他们对我们的晋升、资源调配、绩效考核等有绝对话语权，而大多数时候，我们却无法选择自己的上司。如何看待上司？是把他们仅仅看作上司、客户，还是我们的工作搭档？

前万科集团人力资源专家组成员、人才发展教练黄一龙说，如果只将上司看作我们的上司，我们只需要完成任务即可；如果将上司看作我们的客户，我们则需要考虑他的需求点；如果将上司看作是拥有共同目标和共同愿景的工作搭档，我们则需要主动去寻找共识，一起完成任务。

与领导最好的沟通和相处方式是，把他看作自己的工作搭档。了解上司成长经历中的里程碑事件，了解他的奋斗史，让他知道我们一直很关注他；了解上司的目标与理想，看看我们能够为他做些什么；了解上司的管理风格、沟通风格，协助上级成为"有效"的管理者，帮助上司"进步"和"发展"。这是与上司沟通交流的底层逻辑，适用于强势的上司，也适用于其他风格的上司。最终，你会赢得上司信任，你与上司间的沟通一定会非常畅通，你的职场之路也会天堑变坦途。

说话慧有招

在工作中我们很难避免遇到强势的上司，遇到这样的人不可怕，可怕的是你不会用好方法来与他们相处。一起来总结一下强势上司的性格特点和应对他们的三大方法吧。

特征一：自尊心强，主观意识强，常常"自以为是"。

应对策略：耐心聆听、适时主动询问关键点，了解上司完整和真实的意图。沟通的前提一定是聆听，做一个好听众一定会给上司留下好印象，而且你可以细心地记录上司所交代的所有事情，针对关键节点提出问题，避免因为前期沟通不当，对后面的工作有所影响。

特征二：脾气大，性格急躁，对事不对人。

应对策略：认真服从和执行，直接给解决意见或反馈。不要想当然地替上司做决定，这样容易引起强势上司的暴怒。如果上司已经发脾气了，你应该判断他发脾气的根源是什么，快速找出症结解决它，而不是纠结对错，不停解释。

特征三：行动力强，要求"快准狠"，注重结果。

应对策略：主动汇报，提前完成，面面俱到。不要忽略了强势上司的掌控权，及时汇报工作进度，对于他安排的工作多花时间、精力，最好做到提前完成任务。在执行他交代的任务过程中，要把所有细节都考虑进去，若后续的工作也能面面俱到的话，那就更完美了。

如何做好一个下属，如何讨得上司欢心，如何搞定强势上司，任重道远，期待你看完本节内容后，将所学运用于职场沟通中，收获强势上司的喜爱。

18 激励工作倦怠下属的好方法

　　都说当员工不容易，要处处看上司的眼神脸色行事，其实上司也有上司的难处，在企业发展中也会面临很多问题。例如，对员工的管理问题，好不容易百里挑一，挑中一个员工，他却并不见得能立即独立承担任务，公司得花大力气培养。据调查，公司对新入职员工前两年的投入，远远大于员工对公司所做的贡献。当通过培训、培养，员工真正能为公司产生价值、作出贡献时，上司也不能高枕无忧，因为员工还有可能出现各种各样的问题，其中，员工工作的产生的倦怠感就是一大难题。

　　什么是工作倦怠呢？

　　网上关于工作倦怠的解释是：人们在紧张和繁忙的工

作之中，由于受环境、情感等内外在因素影响而出现的一种身心不适、心力衰竭、情感封闭的状态。加拿大著名心理大师克丽丝汀·马斯勒将职业倦怠症患者称为"企业睡人"。据调查，人们在工作中开始产生倦怠的时间随着时代的进步越来越短，有的人甚至在工作半年到八个月的时候，就开始厌倦工作。工作倦怠虽然不是病，但是对职场中的个人甚至团队仍然有很大的负面作用。轻微的职业倦怠会使人对工作失去兴趣，产生很强的疲累感，严重的话，会出现嗜睡或者失眠、记忆力下降、精神恍惚、吃不下饭，甚至呕吐的情况。联合国的一份报告把现代人的这种状况称为"亚健康"状态。人若长期处于这种状态，就会产生一些慢性疾病。

在公司里，个别员工的工作倦怠看起来事小，事实上，这却是一种会传播的"病毒"。一旦团队中有一个员工产生倦怠的情绪，并且长期得不到改善，慢慢地整个团队里的人都会不由自主地开始倦怠起来。这种情绪就像"灰指甲"一样，一个传染俩，两个传染四个，不断产生恶性扩散。小小的工作倦怠真的会产生这么大的破坏力吗？我可以负责任地告诉你，当然会。对于管理者来说，如果团队中出现一两个工作倦怠、停滞不前，抱着过一天算一天心态的员工，且这种状况长期得不到改善的话，那么，他们对整个团队产生的最直接影响就是破坏团队成员的情绪、斗志，影响团队生态，让整个团队逐渐失去竞争力，最终导致整个团队战斗力低下，前途黯淡。

在职场中，想要成为一个合格乃至优秀的上司，你可以没有超群的业务能力，但你绝对不能没有一流的管理能力。知人善任，洞察员工的状态，调动每一位下属的积极性是一个好上司的必备技能。如果发现下属中有人产生了倦怠的工作情绪，你却不以为然、放任不管，那就会为整个团队和公司埋下隐患，其后果甚至是巨大的。LNG（Liquefied Natural Gas，液化天然气）运输船是运输液化天然气的专用船舶，可以看作"海上超级冷冻车"，是国际公认的高技术、高可靠性、高附加值的"三高"船舶，目前只有中国、美国、日本、韩国和欧洲的少数几个国家能制造。LNG船非常实用，我国第一艘国产LNG运输船"大鹏昊"上的一船天然气够上海市用一个月，但其造价非常昂贵，且对安全性能的要求极其高。LNG船的货仓主体结构由若干殷瓦板焊接而成，以"大鹏昊"LNG运输船为例，整个货仓殷瓦板的焊缝长度超过100公里，对焊缝质量要求极高，哪怕出现针眼大小的一个漏点，或者在操作过程中有一滴汗滴在殷瓦板上，都有可能导致天然气泄漏甚至整船气体发生爆炸。因此，LNG运输船，俗称"海上沉睡的氢弹"。

你可能会说，我的公司可没有承接这么高难度的项目，没有那么大的风险，但作为上司的我们，如果不能在第一时间敏锐地察觉到下属出现的工作倦怠情况，等到倦怠的情绪已经在整个团队中蔓延开来，消磨了整个团队或者公司的斗志时，那局面就不容易挽回了，因为轻则会导致或大或小的财产、名誉损失，重则会使公司面临倒闭的风险。

工作倦怠有多可怕，你见识到了吧？作为一个受大家敬佩的上司，一个"掌舵"的人，当然需要站出来帮助下属远离倦怠，重新在工作中找到乐趣，回到激情满满的状态。在寻求应对工作倦怠的招数之前，我们首先要练就火眼金睛，学会如何鉴别工作倦怠的下属，正所谓"对症"才能"下药"。那么，员工工作倦怠的状态主要表现在哪些方面呢？

2002 年，国内有专业人士做了一次调查，调查显示，在职场中高达 70% 的被调查者都出现过工作倦怠的症状。在这些被调查者中不仅有都市白领，也有公务员，还有其他自由职业者，他们都出现过或长或短的工作倦怠期。某办公网也曾对工作倦怠的状态做过归纳：一是情绪波动大；二是不思进取；三是成就感缺失。面对员工不同情况的工作倦怠状态，上司应该如何应对呢？

第一招，采取柔性化管理。

应对类型：情绪波动大。在工作中，若员工表现出情绪低落、易怒的状态，其原因可能主要在于工作压力过大、工作强度过高，或者家中有重大突发事件。员工长期处于紧绷的状态，情绪会变得易怒或者萎靡不振，在工作中也常常会出错，进而陷入工作倦怠的恶性循环。

现代管理大师彼得·德鲁克在剖析管理行为的实质时就深刻指出，人们从内心深处是反对被"管理"的。但一家公司不管理员工，放任员工，根本是不可能的。那该如何做呢？来看下面的案例。

周一早晨，作为上司的你来到办公室巡视，发现下属小王一个人坐在座位上发呆，整个人看上去有些恍惚。你想起上周秘书告诉你，在前阵子一个项目中，小王出了点差错，导致整个团队的项目进展出现反复，小王很自责，整个人的状态不是很好。最近公司确实是太忙了，总是没日没夜地加班，不仅小王，其他同事的情绪也都普遍出现了"低气压"。面对这种情况，你要如何说呢？话术应该采用福利放松法。你马上在办公室里宣布说："最近大家都辛苦了，这周就都别加班了，周末好好休息下。周五晚上我请大家吃饭，大家一起放松下。"说完这些，你发现办公室里好几个萎靡不振的员工，眼睛都发亮了。在周五聚餐的时候，你特意和小王还有其他同事聊家常，发现大家都放松了很多。

应对策略：采取柔性化管理。通过这个案例你可以发现，在长期的高压管理、高负荷工作之下，员工更需要一些舒缓的空间。这个时候，作为上司的你，就应该给员工一定的休息时间，适当减少工作量，实行弹性工作制和定期休假制，同时多对员工的工作加以肯定。请注意，一定不要大手一挥，直接给员工放假。突如其来的假期更容易增加员工的心理压力，让他们误以为是不是做错了什么而要被公司开除了。当你的员工由于工作压力大，导致情绪波动大，从而出现工作倦怠时，你一定要谨慎对待，不可操之过急。合理自然的定期休假会让他们更容易接受，心理上也不会有负担。如何条件允许的话，可以适当地进行团建活动，带员工出去放松一下。多和员工聊聊家常，让他们脑中的那根紧张的弦慢慢放松下来。

第二招，找回责任心。

应对类型：不思进取。这类员工出现工作倦怠的原因，往往不是工作压力过大，相反是工作太轻松了，或者自己根本就不想努力，对工作结果也没有任何要求，由此生出懈怠。这类员工通常要么家境殷实，不需要努力工作就可以活得很精彩，要么骨子里不求上进，小富即安，"出工不出力"。让我们来看下面的例子。

公司最近又有新的项目，小李还是像平常一样，不思进取，吊儿郎当，做什么事都不上心。他觉得，即使自己不努力，团队其他人也会按时完成任务，反正完成基本的任务就有五千块保底工资，至于绩效嘛，不拿也没关系。

面对小李这样对工作不上进的员工，应该怎么应对呢？

应对策略：让其找回责任心。对待这类下属，你要和他进行深层次的沟通，让他找准自己在工作中的定位，让他明白自己在团队中的重要性、应该发挥的作用及应当承担的责任。第一种话术：期待激将法。明面上激励，暗地里激将，这样的方法效果尤为显著。你可以表达特别看好他、想重用他的意愿，期待他拿出优秀的成绩。比如，你让他到你办公室，和他促膝长谈："小李啊，咱们这次的项目特别重要，总部领导和我都很看好你，我们知道你是有能力的，只是需要一些展示的机会，这次的项目你一定要好好把握，我相信你。"说完，你拿出制定好的项目任务交给他。此时小李的内心突然有一种使命感，被领导慧眼识珠，自己如果不拿出一点成绩出来，就会失了面子，在领导面前不好交差。第二种话术：暗示竞争法。表达出最近他这个岗位会来新的经理，暗示他们是竞争的关系，对他的工作可能产生不利影响。你对小李说："最近你这个岗位总部会派个人过来，和你一起来完成这个新项目，同时会进行绩效考核，你加油干！可不能给咱们分公司丢脸呀。"这样一来，小李就骑虎难下了，如果不努力工作，甚至连工作都会丢掉。这种方式会激起他的斗志，他的工作态度也会转向积极，不再吊儿郎当、安于现状。

第三招，提升员工的价值感和成就感。

应对类型：成就感缺失。这类下属可以说是团队中的潜力股，他们工作认真负责，在意自己的进步，揪心团队的发展。他们的问题在于，在工作中缺少一定的方法，对自己要求过高，不断地给自己施加莫须有的压力，可偏偏又缺乏自信心，偶尔出现一点小差错，就懊恼自责不已，觉得自己根本不适合这份工作。这样的人渐渐容易变得紧张，情绪急躁，在外人看来好像冲劲十足，就像永不断电的长效电池，实际上他们的心力已经严重透支，由此导致身心倦怠，工作质量和效率都大打折扣。遇到这样的下属，可要好好对待，不然一不小心就会错过这匹千里马。

公司的职员吴明，虽然年纪轻轻，但凭借过硬的业务能力和出色的沟通能力，已经开始负责整个公司对外竞标的工作。最近，他的精神状态很不好，开会总是走神。究其原因，是上次他全权负责的一个金额庞大的竞标新项目没成功，而他认为一切都是自己的错。最近他的状态越来越差，甚至都有想辞职的迹象。

应对策略：提升员工的价值感和成就感。采用话术：激励法。作为上司，你需要记住在激励这类员工时，要赞美的是他工作的过程和动机。你把他叫到办公室，拿出前阵子他交给你的招标项目方案，对他说："小吴，我看到你最近特别辛苦，你为了拿下这个竞标的项目加了一个多月的班，国庆长假，你都没回老家看望自己的父母。这我都是知道的。竞标的过程很艰难，你的努力我都看在了眼里。这次竞标没有成功，有很多客观原因，不是你的问题，你拿出的方案我非常满意。咱们公司有你做事，我很放心。"

帮你的下属建立自信心，提升价值感和成就感。告诉他，他在团队中不可或缺，给他勇气去面对工作中出现的问题，给他机会让他明白自己的付出和收获是成正比的。工作中，多给予一些指导，毫不吝惜你对他的赞扬，逐渐建立他的信心，提升他的工作热情。因为这类员工，多半带点完美型人格的特点，当你帮助他找到工作的热情点、价值感后，他就会为你不断地带来惊喜。

说话慧有招

在职场中，中高层领导者该如何去管理、帮助和激励下属，是一门很深的学问。本节为你解析了职场中常见的应对倦怠下属的三种方法，我们一起来回顾一下。

第一招，采取柔性化管理。

应对类型：情绪波动大。

形成原因：工作压力过大，工作强度过高，大脑长期处在紧绷的状态。

应对策略：采取柔性化管理。采用福利放松法，适当给出假期，组织团建，聊聊家常。

第二招，找回责任心。

应对类型：不思进取。

形成原因：这类员工通常要么家境殷实，不需要努力工作就可以活得很精彩，要么骨子里不求上进，小富即安，"出工不出力"，属于长期倦怠人员。

应对策略：让其找回责任心。（1）用期待激将法，让他责任心爆棚，对工作规划和结果有所憧憬。（2）用暗示竞争法，刺激他产生竞争意识，让他产生危机感，督促他更好地完成任务。

第三招，提升员工的价值感和成就感。

应对类型：成就感缺失。

形成原因：有完美型人格倾向，在工作中对自己要求高，容易自我否定，陷入死循环。

应对策略：提升员工的价值感和成就感。采用肯定激励法，毫不吝惜地赞扬他工作的过程和动机，肯定他在团队中不可或缺的地位和作用，同时适时指点和传授方法给他。

在职业生涯中，职场人出现倦怠感是很正常的现象。换句话说，这和青春期、更年期一样，是人生中必然要经历的。当我们从职场"菜鸟"变成职场"白骨精"，或者成为上司后，遇到团队中需要帮助的"小菜鸟"，如何去帮助他们，从而提升整个团队的战斗力，是每一位上司必须要研究的一门功课。

说服固执的同事，其实很简单

在职场中让我们头疼、觉得难以应付的，除了领导，还有同事。虽然同事不像领导那样对我们具备行使命令的权利，但是在一个团队当中团结协作是非常重要的，一旦我们的团队中出现了一个八头牛都拽不回来的固执同事，那就会出现一个又一个令人头疼的问题。这些人也可以理解为拥有坚定信念的人，他们坚持自我，不让自己的想法被他人左右，从来不会对自己的决策产生怀疑。他们确信自己一定是对的，也确信别人的想法是错的。人们对自己最大的误解，可能恰恰是以为自己什么都懂。

最近公司接了一个大项目，你们组被上级领导委以重任，大家每天辛苦地加班设计案子，在最终核对案子内容的时候，碰巧有一个细节，不合这个固执同事的心意，他马上跳出来和大家对着干，一条一条地列出这个项目的问题，任谁劝也没用。这个时候整个项目就会完全陷入僵局。可是领导那边还等着验收结果，怎么办呢？大家都是同事，如果完全不理会他的感受他一定不高兴，容易让他和大家产生矛盾，甚至可能在之后的工作中他都会和大家对着干。如果好好解释，可他那么固执，且不说听不听得进去，就是听进去了，等把他拿下了，领导限定的时间可能也早过了，大家还是完不成任务。怎么办呢？固执的人实在太可怕了，在生活中我们已经深受其扰。谁还没有个固执的父母、固执的朋友、固执的对象呢？可一旦涉及工作，那可不是开玩笑的，轻则影响项目推行，重则影响整个组成员的升职加薪。遇到这样的同事该怎么应对呢？本节就为大家分享如何说服固执的同事。

说服固执的同事，其实很简单。首先我们要走进他们的世界，看看这些倔的牛都拉不回的人心中到底都藏着什么。他之所以倔，是因为他永远用自己的立场来衡量事物的正确性，当有人质疑时，他就会毫不犹豫地辩护，除非你能找到最根本的依据。戴尔·卡耐基曾说过：让别人客观地认识事物对于说服一个人是很重要的。虽然固执的人对外表现是差不多的，但是固执的人也分好几类，他们固执的原因也各有不同。我们需要一一分析，找到问题所在，如此才能让这些固执的人心服口服。

在与固执的同事相处之前，我们首先要从两个方面来调整自己的状态。一是心理，二是沟通方式。良好的心理状态是好的沟通方式的坚强后盾，一切良性的沟通都要以平静真诚为出发点。

在和固执的同事沟通之前，我们首先要摆正自己的心态。你要知道固执最可怕的一点就是，它会如水泥一般，尽管你已使尽十八般武艺它却依然屹立不动。所以在沟通过程中一定要时刻记得，对事不对人。防止自己口不择言伤害到对方，影响工作伙伴之间的关系。要知道"冷语伤人六月寒"，为了工作上的一点小事而中伤别人是得不偿失的。同时更要做好不论你怎么做，对方都有可能继续固执的心理准备，不要让自己因为同事的所作所为影响工作的热情，保持平常心、摆正自己的心态是在与固执同事沟通中，我们需要做到的第一步。当你做好第一步的重要热身准备之后，就一起来学习沟通方式吧。

先来说说固执的根源，人固执的原因我总结为以下三类。

第一种，理解出现偏差。

面对理解出现偏差的固执同事，该如何与他沟通呢？这类人不能在工作中及时地理解其他同事想要表达的东西，容易产生误会。而这类人自己也往往比较容易着急上火，越急越是不能把别人的话听进去，矛盾也就越来越大。这类人多半是善意的，只是认知能力出现了问题。美国心理学家莱昂·菲斯汀认为，人的固执心理是由认知失调所导致的。当出现问题的时候，他的第一反应甚至唯一反应就是他说的情况就是对的，就算你拿出证据他都不听你的，因为他根本没有其他的看法。一个人认知水平越差，他的判断力就越差，人也会变得固执起来。这时候如果我们把他晾在一边，难免伤了人家的心，使同事之间失和，得不偿失。

同事大圣就是这么个性急又固执的人，大家好不容易研发出的新方案，他有一个点没弄明白就咬死不放，怎么也不同意大家把方案交上去。其实大圣没什么恶意，只是一时不理解对方的意思就着急了。当他急起来的时候，你要记住千万别和他争执，那可是火上浇油。那样可能非但没有解释清楚，反而会让两个人一起着急上火，最后不但事情没做成，还耽误了时间，影响了感情。

这个时候你要冷静下来，先肯定他的意见，让他也冷静下来停止争执，这个时候不是让你真的向他妥协而是先稳定住他，坐下来好好地听他说他的意见。因为这类人本质上是单纯的并且集体荣誉感极强，他们的固执来源于对团队的责任感。你停下来听他说，就满足了他的责任感。下一步，引导他完善内容。不要直接提出你的想法，而是在了解了他的方案之后引导他做出改变，直到与你的本来方案一致。你可以告诉他："大圣，你这个方案真的是不错，你看这里是不是需要加一点？那里再加一点？哎呀，这就完美了。"只要你的想法真的没问题，相信不用你多吹捧，他自然就信服了。最后你再做一个总结，链接彼此。你可以这么说："大圣啊，你看咱俩多默契，一起想出了这个好方法。通过我们这样的磨合，现在这个方案更完美了。"

这样一来，不仅成功地说服了他，还让你们的关系更近一步，以后在工作上配合起来也会更加融洽。明明是职场中难以化解的关系，通过这三步沟通之术顺利地扭转局势，让职场固执同事成功变成得力好伙伴。可见，只要用对了方法，同事之间就没有化解不了的难题。

第二种，死要面子，想引起大家的注意。

这类人比较难缠，其实他也不是觉得哪里不对，但是偏要站出来说点不一样的，以引起大家的注意和重视。所以不论怎么解释，他都不会听，毕竟他的目的只是引起大家的注意，体现自己在团队中的重要性。

这类人比之前一类更加难以沟通，因为他在意的不是方案的好坏，而是在职场中能否得到上司的青睐和同事的认可。这类人在职场中非常常见，而且因为他们多半爱计较又爱出风头，所以是那种万万不能得罪的类型，一旦你与他发生矛盾，他一定睚眦必报，说不定逮到机会就会马上去领导那里打小报告，让你"哑巴吃黄连，有苦说不出"。要是出现分歧，他固执己见你强行解释，一定马上就把他得罪了。那怎么办？好像怎么做都不对。

同事小周平时就是一个特别爱面子的人，就爱在领导面前出风头，这次大家辛辛苦苦做出的企划案，他就是不同意，非要让我们用他的方法。这样的同事要如何搞定他呢？你得抓住他爱出风头的特点，在遇到分歧时，先私下与他通气，不要在众多同事面前给他难堪。爱出风头的人自尊心极强，在乎自己的感受，也在乎别人的评价，所以保护他的面子至关重要。其次是私底下好好地和他分析利弊，告诉他："小周啊，咱们都是一个团队的，我们不都是希望项目能让老板满意，大家一起升职加薪嘛。你看咱们这个方案更加严谨一点，老板挑不出错，一定没问题。"这类人的目的是用好的方法博取大家的赞同，只要你言之有理，他自然会选择让上司更加满意的方案。毕竟他想要的就是得到别人的认可。最后在汇报工作时，让他多一些表现的机会。这类人的特点是爱出风头，在工作上这一点也可以转变为优点。可以在汇报开始之前，先吹捧他一番，夸他善于表达。你可以这么对他说："小周，待会儿啊，你就把咱们做得最好的这个企划案讲给老板听，我相信以你的口才，老板一定会好好地夸奖你，而且一定会对咱们的企划案赞不绝口的。"经过你这么一顿夸奖，他一定会使出十八般武艺，让工作结果在呈现的时候展现出最完美的一面。你看，这样做马上就把固执同事的缺点转化为优点了，让他成为职场上的完美助手。要记得，在职场中多一个队友比多一个对手重要太多了。

第三种，盲目固执。

这类人特别容易钻牛角尖，不论你说什么，他就是怎么都听不进去。这类人的固执往往来得莫名其妙。没由来的固执最难应对，因为难以找到他固执的缘由，就不便于对症下药。出现这种情况就需要一些别的方法，可以找一些别的事情转移他的注意力。

办公室部门的丽丽就是个死脑筋，平时在工作或生活中遇到一点小问题，她就一直揪着不放。这不马上要开会了，她非揪着一些莫名其妙的问题不放，不肯把计划书交上去。眼瞧着就要吵起来了，这个时候，你假装不经意地走过去，问她："哎呀，丽丽，你今天是不是换了一个新的口红色号啊？怎么显得你这么没气色呀。我听说最近某某家的口红可好看、可显气质了。"你不经意地抛出一个新话题，瞬间就能转移她的注意力，作为女人的她立马就和你讨论起口红的事来，把计划书的事抛到九霄云外了。所以转移注意力的好方法就是，当这个人找到别的更加值得纠结的事情，就会马上去纠结这件事了。切记不要针对她揪着不放的工作问题絮絮叨叨理论到底，因为那样不仅浪费时间而且多半不会有任何成效，曲线救国才是最好的方法。

了解了固执同事的三大类型及其心理，是不是就更加方便我们用合适的沟通方式与之相处，从而达到高效工作的目标了？毕竟同事在更多的时候是我们的伙伴，而不是我们的对手，懂得利用良好的关系让身边的同事帮助自己在职场中进步，远比自己一个人孤军奋战，把所有人当成麻烦鬼和讨厌鬼来得聪明多了。

说话慧有招

在职场中遇到一两个固执的同事是很常见的情况，毕竟每个人都有那么点性格上的小瑕疵。但职场只是生活的一部分，我们不可能处心积虑地想着怎么改变一个人的性格和做事方式。所以改变自己的沟通方式，是我们在职场中立于不败之地，与不同类型的同事相处的最好方式。在职场中，我们不应该只盯着别人的缺点，而要懂得善用每个人的特点，让每个同事都可以成为你职场中的助推器。

让我们来总结一下说服固执同事的三种对症下药的好方法。

第一种，理解出现偏差。这类人的特点是理解能力不足，容易着急上火。应对方法：第一步，肯定他的想法；第二步，引导他按着你的思路去思考；第三步，说明彼此默契。这三步不仅能解决同事固执的问题，还能增进彼此的友谊。

第二种，死要面子，想引起大家的注意。这类同事的特点是，死要面子，爱出风头。应对方法也是三步曲。第一步，私下交流，给足面子。第二步，分析利弊，让他心服口服。第三步，让他表现，为你职场加分。这个方法可以成功地化解难缠的同事，也会不知不觉地为你的职场关系加分。

第三种，盲目固执。这类人的特点就是没有特点，无招胜有招，固执来得莫名其妙。只需要一步，转移注意力。把他的固执点转移到其他地方，好让我们自己先解决当下的工作问题。

职场如战场，同事是你的战友，同时也有可能是你的敌人。碰到固执的同事就像是强矛碰上利盾，伤的可能是自己。懂得使用合适的沟通方式去和同事交流，才能使自己在职场中立于不败之地。

如何做一个出彩的工作汇报

《哈佛学不到的经营策略》的作者马克·麦考梅克曾说:"谁经常向我汇报工作,谁就在努力工作。相反,谁不经常汇报工作,谁就没努力工作。"这一论断看似有点武断,但这条准则在职场上的确非常有价值。你是否常常纳闷,那些做了一点小事就不停往领导办公室跑,随时都在汇报工作的人,可能业务能力不如其他人,但升职往往比其他人都快。这是为什么呢?难道是领导眼瞎,还是他们就喜欢这些"马屁精"?其实,在职场中,你需要明白,及时向领导汇报工作进度与溜须拍马是有本质区别的。工作汇报是上下级之间进行沟通的纽带,而熟练掌握汇报的技巧则是每个职场人的必备技能。我们来看看,工作汇报的重要性究竟体现在哪里呢？

第一，让领导了解你的工作状态和工作进度。

假设你最亲密的人，第一次独自去国外旅行，自从离开家后，一直没有回复你的信息，你无法了解他现在的状态，此刻你的心情怎样？可能是慌张、担忧、焦虑。你担心他是否安全抵达目的地，路上是否出现了意外。同样，在工作中，如果你不及时向你的直属领导或团队汇报工作，你的领导和同事也会在心里想：这家伙最近的工作到底进展到了什么阶段？工作遇到瓶颈了吗？怎么没听见他汇报进度呢？需要我提供帮助吗？到底还要多久能够完成？是否能够按时完成呢？如果你不及时汇报工作，领导和团队成员就会产生很多的疑惑。领导所关心的正是你需要及时反馈的，而反馈的方式就是及时向领导和团队做工作汇报。

第二，及时帮助组织制定后续工作的决策。

当你及时汇报你的工作进度，把已经完成的工作以及目前手中正在做的工作进度、遇到的卡点等详细向领导汇报后，你的领导会对比工期，清楚整个项目的整体进度，分析现阶段哪些任务已经超额完成、哪些任务还需要加速、哪些岗位人手不足，还需要调配哪些相关人、财、物等资源给予全力支持。职场中，每位职员及时的工作汇报，会让领导对整个工作的推进情况做到心中有数，便于他们及时调整下一阶段的工作计划，帮助他们做出前瞻性的决策和部署。

第三，及时对自己工作的情况做一个全面的梳理，总结得失。

职场中的每个人在准备工作汇报的时候，相当于对自己的工作做一个阶段性的总结。在总结中，发现自己最近工作中做得好的地方在哪里，同时能发现自己的能力、特长、优点，也会发现自己做得不好的地方，思考随后的日子里要如何改进。因此可以说，准备工作汇报的过程，就是梳理自己工作近况、得失的过程，有利于更有效地推动工作、完成任务，从而实现自身在职场中的飞速成长。

第四，这是一个很好地体现个人价值、展示自我的机会。

在每个公司，尤其是大公司，由于员工众多，领导不可能随时关注每个员工的一举一动。如果你永远只是默默无闻地干活，即使你把所有的任务都做得很完美，领导也极有可能根本不知道你的能力。曾受美国前总统夫人劳拉·布什接见的中国女企业家代表米瑞蓉说："不要只默默工作，要适度展示和包装自己。"作为普通员工，尤其是刚入职的新手，出色的工作汇报就是你展现个人能力和价值的最佳途径。

很显然，一个出彩的工作汇报能让你更快速地与领导达成共识，给领导留下深刻印象；一个出彩的工作汇报能让更多的同事发现你的闪光点；一个出彩的工作汇报能让你获得更多人的认可与信任。你已经明白了做工作汇报的重要性，但如果你的工作汇报只是流水账式的叙述，那就完全失去了展示自我的机会。接下来，向你展示两个不尽如人意的工作汇报场景。

场景一：某次会议上，你做工作汇报时，讲得滔滔不绝、唾沫横飞，可是你用余光看到同事们在不停打哈欠，而你的老板早已拿起手机在回复信息。这可是你辛辛苦苦通宵熬夜写出来的 50 页汇报内容，结果没等你讲到一半，领导和同事们早已心不在焉，那叫一个惋惜。

场景二：每次年终工作总结大会上，公司领导层都要根据职员的工作汇报打分，这个分可是与年终绩效挂钩的，所以大家都非常重视。与你的工作岗位职责、性质差不多的同事小王，平日里的工作态度不敢恭维，常常见事儿就躲，能力也一般，可偏偏每年年终的工作汇报，他做得出彩又漂亮，得分比你这个踏踏实实干活的人高出一大截，你的心里那叫一个憋屈呀。你不由得责备自己，谁叫自己嘴笨啊。

对于上述两个场景，你是不是似曾相识呢？其实，工作汇报不够出彩不见得是你工作能力差错，而极有可能是你缺少方法，说直白点就是你不会用"套路"。接下来就和你分享四大技巧，教你如何做一个出彩的工作汇报。

第一招，巧用汇报结构工具。

做工作汇报时，首先要理清准备汇报内容的思路和逻辑结构。这里分享两个结构工具。

1. SABC 结构

SABC 结构是指，是什么（Subject，主题），要干吗（Action，行动），为什么（Background，背景），怎么做（Conclusion，结论）。这个结构主要用于请求型（达成需求）的工作汇报。例如，你想申请给部门购买一台投影仪，需要给老板做一个关于采购耗材的汇报工作，你就可以使用这个结构来表达。你可以这么说："周总，部门需要购买一台投影仪，购买的原因是公司部署在我部门成立培训部，需要投影仪来配合 PPT 的呈现和教学工作，今后每周都会进行常规的培训例会，所以使用率也比较高。如果您同意的话，我将让合作的耗材公司进行报价，并且按公司流程完成采购清单的报送。"

2. SPOP 结构

SPOP 结构是指，情况（Situation）、存在问题（Problem）、解决方案（Options）、建议（Proposal）。这个结构主要用于总结内容型的工作汇报。例如，你要做一个月度工作总结汇报，你可以这样和老板说："周总，这个月我们的广告订单完成了 15 单。其中出现的一个问题是，准备与我们合作卫浴广告的新客户李总对我们的方案不是很满意，迟迟没有签约。我觉得解决的方案有两个：第一，和新客户李总约定二次洽谈的时间，将他们的具体细节要求了解清楚，同时了解对方对之前方案不满意的地方，回来及时讨论、研究、修改。第二，根据他们的预算再制定出三种广告制作和投放方案，让客户进行最终选择。如果您认为上述哪个方案可行的话，请告诉我，我立刻和这位客户进行联系，希望尽快和他约到见面时间，并且建议设计师小王和我一起前往洽谈。"

第二招，先说结果抓人心。

没有领导喜欢员工汇报工作时绕圈子，开门见山地把你的结果告诉他，才是最正确的方法。对于先说结果（结论）做得最好的，当数媒体，无论是传统媒体还是新媒体，它们从来都是先说结论（标题就是它们的结论），读者一定先看标题，如果是感兴趣的标题，才会继续往下看。同理，汇报工作时，一定要旗帜鲜明地阐明观点或者汇报结果，再概要陈述原因或者建议。看个案例，在公司某次新品研发会议上，公司一把手在听完此次项目部负责人的汇报后，提出"想要听听公司项目部新成员小郑对新产品的意见"。作为新人，她被突然点名发言，非常紧张，作了如下发言："这次的新产品确实很值得期待。昨日我和很久没见的大学同学见了一面。说到我们的新产品时，他也表示很感兴趣，我们一边吃饭一边聊了很多这方面的话题，也提到了定价略高的问题。这个产品的定价对 20 多岁的职场新人来说，还是略高的。对年纪大一点的工薪阶层来说怎么样呢？我觉得，预先的市场调查时间应该更长一点。该产品从开始销售到现在，不足一个月时间，我们收到了一些消费者的投诉。我还是很期待下周即将播放的电视广告宣传的……"没等小郑说完，领导便直接打断他，问了一句："你究竟想要说什么？"会议气氛一下降到了冰点，甚至有人打了一半的哈欠也被这句话吓回去了。

其实，小郑想表达的意见是："建议市场调研时间应该更长。"结果，逻辑不清晰的表达让领导实在忍无可忍。通过这个案例，我们总结出一个道理：请在表述之前，自己先理清观点（结论），汇报时直接抛出结论，而不是让听者去归纳整理。

第三招，巧用 123。

结论很重要，结论背后的思路更重要！在汇报工作的过程中，一旦你先抛出结论，你便需要把支撑结论的依据进行分类，并且最好学着用第一点、第二点、第三点的表述方式来引导对方跟上你的节奏，让他们充分注意到你的结论。我曾经分别采访过一对沟通不顺畅的上下级。我单独和下级交流时，他是这么评价上级的："我的领导非常不善于聆听，很容易就不耐烦了。经常在我说话的时候，挑剔我的观点。"当我私下与他的上级沟通时，得到的说法是："每次听这家伙汇报工作太痛苦了，总是天马行空，各种新想法、新方案，一追问理由就哑口无言，真是浪费时间，感觉他一直是个很没逻辑的人！"

因此，巧用123原则，一来可以让对方听得更明白，二来可以倒逼自己提前思考，想明白如何能讲得更清楚。否则，自己都不知道要表达的中心、要点，在汇报工作时，想到哪儿说到哪儿，一旦被打断，就会让自己和对方的思路都陷入一片混乱，沟通效率极其低下，且会给领导留下不靠谱的印象。比如，上文中关于小郑的案例，小郑在被领导点名谈论对新产品的看法时，她应在大脑中迅速思考，得出自己的结论，随即要思考出至少三个支撑自己观点的依据。她的回答可以这样组织：首先，抛出结果——"建议市场调研时间应该更长"。紧接着，阐述三点原因。第一，就目前社会平均工资而言，该新品的定价存在偏高的可能性；第二，近期有接到部分消费者的投诉电话，反馈该新品某些性能方面存在问题，但目前还无法判断是消费者操作问题，还是产品本身的问题；第三，一些代理商下个月的进货量有所下降，需进一步了解原因。综上所述，我建议将该新品的市场调研时间放长一些。

你看，运用了123方法后，是不是整个汇报听起来有条不紊，更容易让领导和同事抓到重点了。

第四招，善用数字。

大家还记得万达董事长王健林给年轻人的建议吗？他说："先定一个能达到的小目标，比如赚他一个亿。"如果把后半段这"一个亿"换掉，是不是感觉这句话就平淡无奇了。可加了这个数字以后，这句话就瞬间红遍大江南北，让人记忆深刻。

在汇报工作时，该怎么使用数字呢？把大量能用数据展示的结果用数据表示出来，更能反映你的工作成效，也会更有说服力。比如，员工小黄在汇报自己半年的工作时，其中一条是这么说的："我今年完成了中层干部的培养项目，效果和口碑都还不错。"这样听起来，是不是感觉很一般？如果他在汇报中用上数字的魔力，将内容改成："我今年完成了中层108位干部的培养项目，相当于公司约一半的中层参与了我们的培养项目。整个培养项目，举行了12堂培训、12次学习探讨、两次全公司高管出席的座谈会、一次户外拓展。最终，学员考核通过率达到98%，比去年高出八个百分点，考核成绩平均分为95分，高于历年平均水平。从反馈的调查问卷来看，有80%的学员希望来年能继续参与本培训项目。"工作汇报加上数字后，是不是立马让领导感觉小黄的汇报清晰且有说服力？感觉小黄对整个项目了如指掌，一定投入了大量的心血和精力？

说话慧有招

工作汇报是上下级之间进行沟通的纽带，而熟练掌握汇报的技巧则是每个职场人的必备技能。我们一起来总结一下做一个出彩的工作汇报所需要的四大招数吧！

第一招，巧用汇报结构工具。根据要汇报的具体内容，选择 SABC 结构或 SPOP 结构，完成汇报内容整体框架的搭建，这样便于梳理出表达的逻辑，清晰地表达出你想汇报的项目，达到良好的沟通效果。

第二招，先说结果抓人心。把你要说的结果先告诉领导，让他清楚你的中心主题（结论）。

第三招，巧用 123。结论很重要，结论背后的思路更重要！在汇报的过程中，一旦抛出主题或结论，就要迅速把支撑这个结论的事实依据进行归类总结，学着用第一点、第二点、第三点的表达方式来引导对方跟上你的节奏。

第四招，善用数字。数字比简单陈述概况更有说服力。

大家可以在工作中多尝试以上方法，我很期待你能掌握工作汇报的技巧，让你工作中努力的付出能被及时、准确地传达出去，被领导和同事看见，受到肯定。

21

职场中如何提升自己的逻辑表达能力

大家有没有遇到过这种情况：孤身一人在电梯里，突然，电梯在某个楼层停了一下，电梯门开了，公司大老板进来了，他还礼节性地问了你一个问题。面对这个千载难逢的机会，你拼命想把自己独特的看法和建议表达出来，可话到嘴边却说不出来，更让人气恼的是，自己支支吾吾，还词不达意。绝好的机会就这么溜走了，你悔恨得直跺脚。

为什么我们平时讲话滔滔不绝，但总会在关键时刻掉链子呢？面对即兴发言，如何表达才能临危不乱、逻辑清晰，才能快速抓住机遇呢？

语言表达的形式看似纷繁复杂，实际上，这个世界只有两种说话形式：有准备的和无准备的。有准备的说话，例如演讲、汇报。如果你稍做准备，再制作一个PPT，那你站在台上讲起来就会是有底气的。因为你知道，即使忘词了，只要回头看一眼PPT，还是能够继续讲下去的。但是，生活中大部分的说话，其实都是无准备的，比如上文提到的场景（课程开篇大家看到的这个现象），就是表达学界常说起的"电梯法则"。

电梯法则：一个人必须要在特别短的时间内，用极具吸引力的方式简明扼要地把一个重要的话题说清楚。电梯法则最早是著名的咨询公司麦肯锡在遭遇了一次沉痛的教训后提出的。因为麦肯锡的一位项目负责人谈完项目后，在电梯里遇见了客户公司的总裁，当对方问起项目结果时，他没能在较短的时间内向客户陈述清楚。最终，麦肯锡失去了这一重要客户。关于电梯法则，还有这样的传闻：如果你在苹果公司工作，某一天，发现自己在电梯里倒霉地站在乔布斯旁边，却不能在短暂的时间里说清楚你对公司的贡献是什么的话，你可能会被解雇。

如果把"电梯法则"联系到我们的生活中，你会发现，我们每一个人在职场中都经历过无数的"电梯时刻"，而且那些常常就是我们职场中的关键时刻。可能是开会中，领导冷不丁地提问；可能是项目竞标大会上，客户突然问了一个极其尖锐的问题，在这样特殊的时刻，大部分人会有以下三种表现。

第一种：头脑一片空白，只能慌乱地应对几句。

第二种：彻底跑题，天马行空，不知所云。

第三种：会讲，但是讲到一半思路中断。

针对这三种现象，我们来剖析一下背后存在的根本原因，并找寻一些全新的解决方案。

让我们来搞清楚一件事，为什么明明心里很有"货"，但就是不能富有逻辑地清晰表达，更做不到举一反三呢？有时候，反应速度还特别慢，这是一种单纯的嘴笨吗？

其实，根本原因是我们用了错误的思维模式。我们习惯性地想到哪儿讲到哪儿，讲到哪儿再想到哪儿。这种太过于依赖直觉的说话方式，会加重大脑的负担，让我们的大脑严重失控，就好像电脑在执行一个任务时，同时不断地有其他任务窗口弹出，最终导致内存占满瞬间死机。

面对这种现象，我们应该让大脑释放"内存"，创造一些特别简单的逻辑加工流水线为大脑减负，让大脑放松下来，如此一来短时间内就能开启敏捷的思考模式。

接下来，你将会收获一些新的逻辑表达模型。

一说到逻辑，有些人就特别怕。他们会说，都开始启动逻辑表达模型了，大脑还怎么可能轻松？你千万不要错误地认为，逻辑就是辩论赛选手或者哲学家的思辨，那些只是其中的一种"重逻辑"，这个世界还有很多能让别人说话特别轻松的"轻逻辑"。

轻逻辑，是把一个即兴表达明确地分成几个模块，这样不但可以缓解你的压力，帮助你把零散的内容变得富有条理，还可以让我们在表达的时候有一种心理节奏。

现在，为了更好地迎接这些轻逻辑表达法，我们还是先来打基础。

基础一：培养你的概括力。

所谓概括力，就是从大脑的信息中提取重要的部分，并用简洁的语言对其进行概括总结的能力。

你需要概括总结的可以是一个强有力的观点，也可以是一个中肯的结论。著名投资人孙正义有一句口头禅是："结论呢？那么你的结论是什么呢？"为什么概括结论的能力那么重要呢？我们现在来拆解一个词，这个词叫作"条理"。我们常说一个人很有条理，其实就是说他说话、做事有主线。一旦有了这条主线，你就可以把混乱的思维理清楚，而这条主线就是观点或者结论。比如，对方是一位性子很急的领导，如果你在30秒之内说不到重点，将会失去耐心。应对这样风格的领导，采用先说结论的方法就再适合不过了。

再举一个例子。有一家广告公司的老板，一天忽然问起一位下属关于投放广告的事情。这位同事小李是这样回应的："老板，是这样的，那个今天我去找了那家报社，那个他们陈经理态度很不好，不想继续跟我们合作的样子，不想让我投放广告的样子，然后，我好像听说有另外一家出版社，好像价格优势明显，然后提供的服务也差不多，我还问了问小张的意思，他好像还是建议投放到原来的那个报社，然后我问为什么，嗯，小张也没说什么，然后我又问财务的意思，他们说如果这家出版社价格低，后续合作会很有优势，我也不知道现在该怎么办。对了，陈经理态度不好，我想大概是他家里出了些事情，我觉得吧，倒也不能全怪他，那个老板，我刚说了好多东西啊，我也不知道我说了什么，老板你听懂了吗？"

你看，这种翻来覆去不说结论的表达，不把老板急死才怪。很多时候，我们不好意思直接表达观点，喜欢先说些套话，拐弯抹角之后才进入主题。殊不知，这样的表达，效果会非常糟糕。如果你在表达时，直接先说这件事情的结论或者直接表达自己对这件事的观点，就不会慌乱，对方也会觉得你的思路特别清晰、特别有条理。其实，上述案例中的小李应该这样回答："老板，关于上次的广告投放方案，总的来说进展不太理想，需要您的支持。主要原因有以下几个：第一是……第二是……第三是……"

在这类即兴表达中，第一时间先总结观点或结论，并且直接抛出，无疑是最稳妥的方法。它可以成为你表达的主线，让你安全地展开表达，即使中间思路中断，对方也能快速抓住你要传递的重点。

基础二：培养你的分类力。

接下来，你还需要培养一种能力，叫作分类力。因为很多人即使在表达之初说出了重点，抛出了结论，但接下来若不经过整理而脱口乱说一气，更有可能直接开启长篇大论模式，导致听的那个人瞬间"死机"，听不进也记不住说话者的任何表达。这种情况应该怎么办呢？

我们应该把抛出结论之后的内容，先在大脑中分类，再清楚地表达。这种方法就像是过河前先找几块垫脚石，把石头垫稳了再轻松地摸着石头过河一样。如果你仔细观察，就会发现身边有这样的领导和同事，只要在正式场合发言，他们总会说，"关于这件事情，我有以下三点看法"。人们瞬间就会对他高看一眼，因为他具备了把说话内容快速分类整理的能力。即兴发言的时候，本来给你思考和表达的时间就很有限，甚至可能只有一两分钟，所以不要贪多求全。

记住一句话：知万道千，会游刃有余；知千道万，会死得难看。

古人常说"三思而行"，现在我给大家提供一个新的概念，叫作"三思而言"。这个方法可以帮助我们提升即兴发言的技巧，即便话题很有挑战性，思考时间很短，也能帮你快速输出清晰有条理的发言。

基础三：安装几个即兴表达小程序（方法篇）。

大家都知道，人类只有一个大脑，却有左右脑之分，且左右脑有着不同的分工。左脑是理性脑，善于逻辑运算、严密推理，我们可以把它比作电脑的程序软件。右脑是感性脑，记忆力强、储存量大，我们可以把它比作一个硬盘。为什么我们讲起话来常常会混乱，就是没有将自己的左右脑协调分工好，一会儿理性，一会儿感性，讲着讲着就会乱作一团。如何才能充分利用左右脑的优势助力我们轻松且富有逻辑地表达呢？我们应该先搭建理性的结构，相当于先在自己的左脑装好一个个预定的程序，一旦遇到"即兴发言"的场合，我们只需要有序地启动这些程序，它就会自动从你右脑的记忆硬盘中精确地检索出你需要表达的信息。

接下来，让我们来为自己的左脑安装几个即兴表达小程序吧。

第一个程序：时间线。

简单来说，就是按照事情发展的时间顺序来说明一件事情。这是最简单的即兴表达程序。我敢保证任何情况下的任何话题，你只要用上这个程序，就能让自己的表达非常有条理。因为时间顺序的逻辑，是最简单的逻辑，这个世界上的任何事情都可以用时间顺序把它整理好并轻松地表达出来。这个程序中最好用的就是这三个时间点：过去、现在、未来。当你讲话的时候，把这三个时间点念出来，奇迹就会出现。

比如，如果你问我，你们公司是做什么的，我会这样回答："我们是一家专注于提升职场人士语言技能的公司。过去我们发现很多职场人士特别注重解决问题，却忽视了表达自己的观点、看法，这导致的直接后果就是，平时工作很优秀，但关键时刻就会因为表达和演说的能力不强，让他在职场晋升中掉链子。现在，是一个会干还要会讲的时代，每个职场人士除了要做好本职工作之外，对外还要更得体地展现自己，提升自己的'能见度'，被认可、被发现。所以，我们精心打磨了一系列解决这个问题的课程，目前已经有累计 10 万名学员参加过我们的职场表达课程，学员们的职场沟通表达水平有了大幅度的提升。未来，我们公司还会继续专注于这个领域，为职场人士量身定做出更多好用的表达演讲工具包，力争成为全国范围内最高效的语言培训机构，回答完毕。"

除了使用过去、现在、未来时间点表达法，我们还可以运用很多时间支点表达法。例如：如果别人"八卦"你的婚姻，你就用"两人相识的时候，热恋的时候，结婚时候"的这条线，来呈现你美妙的爱情生活。

接下来，再举几个有关时间线的例子：

（1）在工作汇报中，领导想快速了解情况，你可以将

"第一季度、第二季度、第三季度、第四季度"作为时间支点来做即兴汇报。

（2）向领导或同事呈现项目计划的时候，我们可以用"第一阶段、第二阶段、第三阶段"或者是"短期计划、中期计划、长期计划"来表达。

（3）辅导新同事的时候，不要着急，可用"第一步、第二步、第三步"的表达法来回答。

第二个程序：物理线。

简单来说，物理线就是运用不同的物理存在作为支点来展开我们的表达。不同的地点，不同的空间，不同的方向，不同的人，只要它是一个物理存在，便可以拿过来用。

举几个物理线的例子：（1）你在介绍公司业务的时候，可以分门别类地说北京分公司、上海分公司、广州分公司的业务情况。（2）当我们要说服市场团队，让他们支持销售团队时，可以从不同的区域来为他们分析，比如华南区域、华北区域、华中区域。这是以不同的地点为支点。（3）如果和同事探讨一台新买的电脑，我们可以从品牌、外观、配置等角度来展开。这是以不同的组件为支点。（4）如果跟朋友探讨职业生涯发展，我们可以从企业主的视角、管理者的视角、基层员工的视角展开，这是以不同的职场身份为支点。

第三个程序：STSB 线。

即兴表达可以分为两种，一种叫作说明，一种叫作说服。

说明，即只要把这件事情的信息交代清楚就可以，"时间线＋物理线"就特别适合，简单明了。说服，却不仅仅是讲清楚就够了，还要有自己的主张。

我想介绍给你一个话术工具：STSB 线。这个工具可以用来有理有据地说明自己的主张，还能起到说服别人的作用。

STSB 分别是四个英文单词——saw、think、suggest、believe 的首字母：

I saw 我发现——描述相关事实；

I think 我认为——描述你个人与相关事实的观点；

I suggest 我建议——给出具体的建议；

I believe 我相信——描述可能达成的结果。

这样的发言套路，特别适合在会议上用。无论面对什么棘手的话题，这样的发言都会让别人听起来觉得有道理。请看下面的例子。

I saw，我发现。"老板，我发现一个紧急情况，有七个消费者打电话到客服部门说我们的电池爆炸了。"

I think，我认为。"我认为这是一个重要的生产事件，担心它对我们下一批货的销售产生影响。"

I suggest，我建议。"我提议抓紧时间安抚消费者，并且调查电池型号，根据型号按批次召回，并且对供应商进行追责。"

I believe，我相信。"我相信只要我们抓紧时间，这件事情就会被妥善处置好，请领导批示。"

第四个程序：3W 程序。

说服别人的另外一种工具是 3W 程序，我们也称为黄金圈表达法。3W 分别是 Why 为什么、What 是什么、How 如何做。任何你不太有把握的事情，只要用黄金表达法问自己这三个问题并有效回答，那么清晰的思路就会自然浮现。

举个例子："领导，下个季度我打算增加我们部门的预算。（Why）因为我发现客户已经给我下了一大批超过我们当下生产力的订单。长期下去会影响交货速度，甚至会影响其他客户的供应。（What）那么，我接下来的计划是抓紧时间做好招聘和培训新人，以及服务外包这三方面的工作。（How）我想先从培训新人开始，因为这是最重要的，加强他们的岗位适应能力，更快地提升生产效率。"

3W 程序可以用来减少对方的思考时间，因为你已经提前把为什么、是什么、如何做都整理好了。另外，它也被称为危机表达术，面对一些重要、紧急、有挑战的情况，用 3W 方法来表达便可直达核心。

说话慧有招

面对即兴表达，我们要在特别短的时间内，简明扼要地把一个重要的话题说清楚，这就需要掌握三方面的基础能力。

一是概括力。从大脑的信息中提取重要的部分，并用简洁的语言对其进行概括总结的能力。

二是分类力。先在大脑中分类，再清楚地表达。

三是安装四个即兴表达小程序。

第一个程序：时间线。即按照事情发展的时间顺序来说明一件事情。

第二个程序：物理线。简单来说，就是运用不同的物理存在作为支点来展开我们的表达。

第三个程序：STSB 线。

I saw，我发现——描述相关事实；

I think，我认为——描述你个人与相关事实的观点；

I suggest，我建议——给出具体的建议；

I believe，我相信——描述可能达成的结果。

第四个程序：3W 程序。3W 分别是 Why 为什么、What 是什么、How 如何做。

22

如何做一次让领导"怦然心动"的年终述职汇报

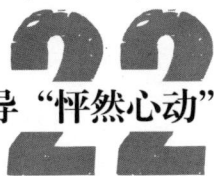

　　每到年底的时候，大部分公司都会有一个惯例，即举行年终述职大会。可能是按部门要求部门负责人做发言，也可能是要求每个职员都要上台做年终述职报告。不少职场人士常常陷入一个误区，认为年终述职是例行公事，走走过场，于是怀着一种应付的心态去撰写年终述职报告，上台述职时也比较随意，殊不知这种态度和观念会让你错失良机。优秀的职场人在对待年终述职一事上，态度则大为不同，他们会极其慎重地对待，把年终述职看作一个重要的展示自我的机会，同时也是对过去一年工作的复盘和检验，更是来年工作规划得以落实的必要工作。

　　事实上，在职场中，你是否被领导认可、能否被提拔，不完全取决于你都做了什么，更取决于在领导的心目中，他认为你做了什么，他认为你的能力如何。在日常的工作中，领导特别是公司高层根本没有时间去关注一个基层职员，或者一个基层管理者，所以如果你想让领导知道你做了什么、你的能力如何，一年一次的年终述职大会就是你展示自我风采的绝佳舞台。如何做一场直击人心的年终述职报告，还真是个难题。很多职场人士不是把年终述职报告做成流水账式的年终总结，就是夸夸其谈地邀功请赏，或者是平淡如白开水式的自言自语，这样的述职报告非但不能为自己一年的工作加分，反而会让自己在领导和同事心中的形象大打折扣。

做一场让领导听了频频点头、直击人心的年终述职报告的诀窍有哪些呢？接下来，分享五个超级实用的妙招给大家，让你一学就会用，一用就能赢得满堂喝彩。

第一招，巧用三段式结构，搭建好框架。

年终述职报告的模板千千万，你可以采用条目式、三段式、项目式、漫谈式等框架形式，但是特别建议你采用三段式结构。这是一种最快捷、最全面的框架结构形式，能确保你的年终述职报告紧紧围绕主题，逻辑清晰，富有条理。它主要包含三大部分。

第一部分：过去一年的工作概况。总结当年的工作，详细阐述你负责的每项工作的结果。根据个人岗位职责，可以按时间、事件（具有重大或里程碑意义的事件）、创新（亮点）来梳理全年的工作，用数据说话，客观陈述一年的主要工作。

第二部分：总结心得和可供借鉴推广的方案。即在一年的工作中，特别是在攻克重大项目时，发现了哪些问题，有什么合理的解决方案，有哪些值得借鉴推广的亮点和方案。

第三部分：下一年的工作规划。这里尤其要注意的是，下一年工作计划的依据是分解公司年度目标、部门年度目标、个人岗位职责，确定来年的关键事项，制定规划，并提出一套具体可行的落地执行方案。

第二招，内容聚焦，不要贪多。

作为一名演讲教练，我经常会接到不少职场人士有关年终述职报告的求助。有一次，我接到一个客户的电话："老师，我明天早上要给领导做年终述职报告，可以帮我改一下 PPT 吗？"结果，他给我发来 50 多页的 PPT。我问："你汇报的时间有多长？"他说："差不多 15 分钟。""15 分钟？50 页 PPT？你为什么不考虑删一点儿呢？""我舍不得删，年终汇报一年就一次，还是要多做一点儿，这样的话，领导听起来，觉得我没有功劳至少也有苦劳。"

年终述职时，不要以量取胜，而要以质取胜，要学会为自己的述职报告做减法。因为参加年终述职的职员多，每个人发言的时间有限，大家又很希望能有比较全面的呈现，所以很多人都会超时。讲到后面发现没时间了，慌忙道歉，然后赶紧快速翻 PPT，来不及总结回顾便匆匆下台。这样的做法，会让你的汇报听起来就是流水账，吃力又不讨好。

推荐几个方法，帮你找到汇报的重点。问自己：一是，如果为你的述职报告发一段 140 字的微博，你打算怎么写？二是，如果你的述职时间只有三分钟，你跟领导和同事们谈些什么，才能最好地展示自己过去一年的工作态度和能力？认真思考这些问题后，你必然会找到发言重点，因此在汇报时，就要把更多的时间留给你过去一年的重点工作和突出成就。更为形象地说，如果把你的年终述职报告比作你的个人音乐专辑，不要企图让别人爱上你所有的歌曲，你的重点和亮点工作就是专辑里的那首主打歌，让领导和同事们喜欢上你的"主打歌"就够了。

第三招，不要过度放大，也不能主动为你的表现"打折"。

年终述职时，过分地夸耀自己的功绩和过分谦虚、低调，都不可取。如果你在过去的一年中，工作的确取得了很大的成绩，为公司赢得了巨大的利润，你只需要恰如其分地、客观地阐述事实，同时一定要对领导的支持，团队和各部门的合作表达感谢之意。如果你过分地夸耀自己的功劳，忽视团队其他成员的付出，就会引起人的反感。当然，现实中，敢于夸大自己劳苦功高的人确实有，但不太多。相反，很多人习惯谦虚、过度低调，在年终述职时，无意识地把自己的表现和成绩"打折"。如果有人在台下夸奖你过去一年取得的成绩，你肯定会礼节性地回答"谢谢你，不过这也没什么"，但千万不要把"这也没什么"的心态带到台上去，这是不可取的。过度谦虚的员工，不一定是好员工，记得在年终述职时，把你的高光事件、成就客观真实地呈现出来。在讲述成就事件时，力求数据准确、逻辑清晰、案例典型，要把自己总结出的经验分享出来，特别是创新的点。尤其需要注意的是，在汇报过去一年经手的难度较大，特别是结果不太如意的项目时，不要一味抱怨外部环境艰苦、人手太少、指标太高，也不要做过多的自我批评，只要做好以下三步，就可以把一个曾经的遗憾讲得很圆满。第一，先客观讲述项目的进展情况、遇到的挑战。不带任何主观评价，简要清晰地描述你和团队为顺利完成该项目所做的工作和努力。第二，客观分析导致项目结果不如意的原因。第三，告诉台下的领导和同事，假如这个挑战再重新来一次，你会在哪些方面做出改善。

第四招，"试穿"领导的"鞋子"，你的表达要有领导视角。

如何才能更好地理解别人，你只要穿着他们的鞋子走两步就知道了。很多人在做述职汇报时，总是在不断地罗列我做了什么，却没有弄清楚我做的事对公司而言意味着什么，给公司带来了什么成效。我们要学会"移情换位"，"穿上"领导的"鞋子"走路，或者说抽离自己，从领导的视角来看待作为员工的自己。假设你是领导，你会如何看待这个要汇报的事情？你会更在意什么？其实，领导更在意的不是事情本身，而是你做的事情对公司的价值几何。领导更想知道，你在工作中是如何发现问题的，解决问题的思路是什么，以及是如何为公司赢得最大的利益的。他们想知道，你的工作成果所处的档次，你的工作有什么创新之处、有无可供借鉴推广的亮点。他们也更想知道，你未来一年的工作目标、计划和具体方案。当我们把思维换到领导的角度，你就会知道述职报告的真谛。

第五招，提前思考那些可能会被"拍砖"的新年计划。

为什么要精心准备这个环节呢？述职报告结束时，保不准领导对你来年的工作计划很感兴趣，为了更好地了解你新的一年工作计划的可行性，他们会向你提问。即便由于当天参与述职汇报的人比较多，时间紧迫，领导的点评环节可能被取消，但你可以在述职汇报时，主动打消领导的疑虑。那么，在这个环节，具体该如何做，才能给自己的述职报告画上圆满的句号，给领导留下良好的印象，让领导满意呢？古人云，凡事预则立，不预则废。因此，关键点在于"不打无准备的仗"。你在准备述职汇报的过程中，就要提前思考哪些新计划和实施方案可能会让领导存在疑虑，打好腹稿，如果领导问及这些问题，你能从容解答。如果领导没有提问，但是他可能心存疑虑，你可以在演讲中代替领导提出反对意见，并且自问自答。比如说："各位领导，我部门新一年的计划已经讲述完毕，我知道各位一定会特别关心这个新计划所产生的成本，接下来我就花三分钟时间为大家提供一个控制成本的解决方案。"你这么说，等于代替领导提出并回答了一个领导关心的问题，这是一个屡试不爽的好技巧。

小结一下，在做年终述职报告时，要用真实的情感、坦诚的态度，正确地、准确地认识自己的成绩和贡献，同时注意调动全场气氛。林语堂曾说："对中国人来说，一个观点在逻辑上正确还远远不够，它同时必须合乎人情。"述职者可以通过他得体的肢体动作、面部表情、语调高低、口气轻重、语速快慢表现出自己对工作、公司的情感，为未来一年做展望。

说话慧有招

选取典型的工作案例，拆解分析，详细说明工作思路与工作技巧，还要贴合公司发展战略、部门工作的任务与宗旨、岗位权责的分析等相关内容。

在职场中，你能否被领导认可、能否被提拔，不仅取决于你都做了什么，更取决于在领导心目中，你做了什么、你的能力如何。年终述职汇报是一个展示自我的绝好机会，优秀的职场人会极其慎重地对待年终述职汇报。那么，做一场让领导频频点头称赞的年终述职报告需要哪些步骤呢？让我们来总结一下做好年终述职汇报的五个妙招。

第一招，巧用三段式结构，搭建好框架。年终述职报告必备的三大内容：第一部分，过去一年的工作概况。第二部分，总结心得和可供借鉴推广的方案。第三部分，下一年的工作规划。

第二招，内容聚焦，不要贪多。学会做减法，拒绝流水账式的汇报。把你的年终述职报告看作你的个人音乐专辑，你的重点和亮点工作就是专辑里的那首主打歌，让领导和同事们喜欢上你的"主打歌"就够了。

第三招，不要过度放大，也不能主动为你的表现"打折"。年终述职时，过分地夸耀自己的功绩和过分谦虚、低调，都不可取。

第四招，"试穿"领导的"鞋子"，你的表达要有领导视角。

思考：假设你是领导，你会如何看待这件要汇报的事情？你会更在意什么？把思维换到领导的角度，说出领导心里所知所想。

第五招，提前思考那些可能会被"拍砖"的新年计划。提前做好准备，"不打无准备的仗"，从容解答领导关心的问题。

此外，在现场做汇报时，还要着装得体，表情自然，表达清晰流畅，真实、坦诚，富有感染力。年终述职一年才一次，实在太宝贵了，不重视可不行，以上五个妙招可以助你一臂之力。

23

如何让你的竞聘演讲打动领导，升职加薪

当你有资格参加竞聘演讲的时候，说明你的事业发展遇上了宝贵的机遇，因为升职并非年年都有，公司的管理人员可不是谁有能力谁就能做的，通常是职位出现空缺，或者因为公司业务发展需要而增设部门。这样的机会可能三五年才有一次，而竞聘演讲水平的高低，决定着你在一家公司接下来几年的发展命运。一旦竞聘成功，会为你带来一系列的好处，比如涨薪、增加管理权、拥有更大的舞台、接触更优质的人脉等。与此同时，这种类型的演讲还是一个竞争性很强的演讲，因为跟你同台竞聘的人可能就是和你同一个办公室隔壁桌的伙伴，你很了解你的竞争对手，竞争对手也非常了解你。

那么，如何才能做好竞聘演讲，打赢这场没有硝烟但对你职场发展意义重大的"硬仗"呢？下面，我教给你四个实用又高效的好方法。

方法一，别让网上的模板害了你。

你要承认，网上一搜，就会有很多有关竞聘演讲的信息、模板可以下载，那些文字稿行文严谨、条理清晰，PPT模板也做得高端大气上档次，你只需要稍微改一下，就可以做出一份像模像样的竞聘演讲稿。但要小心，别让这些模板害了你。首先，这些PPT模板虽然制作精美，但你要知道，不同的工作背景、企业文化、竞聘岗位需要的风格有所不同，如果仅仅生硬地套用模板会有风险。其次，直接在网上的竞聘演讲范稿上修改或添加自己的演讲内容，会让我们变懒，让我们懒于思考自身优势，懒于客观分析自己的工作成就和不足，以及为何有能力胜任这个竞聘岗位。最后，直接套用网上的模板框架，无论是演讲稿还是PPT，都会暴露自己对此次竞聘缺乏诚意的弱点，评委绝对不会简单地因为一个人演讲好、PPT做得好看而给他打高分，而是要选有担当、有能力、真正适合的人。

方法二，树立你的辨识度。

时刻牢记，这是一个竞争型的演讲，评委最后是要做出去留选择的。如果你与他人实力相差不太大，你就要想办法在准备阶段找出自己的优势、亮点，树立你的高辨识度，打动评委、领导。打个比喻，在超市买东西的时候，面对两件品质、价格相似的物品，我们总要站在那里犹豫很久，因为很难取舍。再举一个例子，海选节目中获胜的人，往往不是那种中规中矩的人，而是在众多参选人中，一眼看过去，就和别人不一样、有鲜明特点或者才艺特长的人。当然，需要提醒的是，并不是让你在竞聘演讲时过分地标新立异，去说一些语不惊人死不休的开场白，而是希望你在理解新岗位要求的基础上，找出你的优势，哪些是你独有的、"人无我有，人有我优"的地方，这是竞聘成功的重中之重。

方法三，注重演讲稿在"口头"上的体验，而非在"笔头"上的体验。

常常发现很多人把竞聘演讲稿写成了语文作文，写出的内容太过书面化了。"亲爱的同事们，让我们精诚所至、金石为开，让我们奋勇拼搏、砥砺前行，为公司美好的明天而努力奋斗！"这种书面化的表达听起来空洞、不真诚、不"走心"。演讲稿是用来听的，不是用来阅读的。写演讲稿一定要站在口语表达的角度，把你的表达进行口语化处理，边写稿边想象你是在对着观众讲话。写完稿后，不要只是边看边改稿，而要读出来让自己和身边的家人、伙伴听一听。从听觉上来判断一个演讲稿，比从视觉上来审视更靠谱。

方法四，运用一套全面客观的思考逻辑。

准备竞聘演讲稿时，往往会出现这样的情况，写着写着就郁闷了，从最初的雄心壮志、志在必得，转为不断怀疑自己，感觉自己曾经的工作业绩平淡无奇，自己的能力似乎也不见得有多强，甚至会很难写下去。是不是我的工作真的不够出色？是不是我真的不能胜任这个岗位？如果遇到这样的时刻，你要对自己按下自我否定的"暂停键"。不要怀疑自己的工作业绩和能力，你只是缺乏一套正确的竞聘演讲逻辑而已。要想做好一场至关重要的竞聘演讲，打动领导，顺利实现升职加薪，只要遵照以下六个步骤去做就可以了。

第一步：画一幅"自画像"——开场做一个简单的自我介绍。

开场时，做一个简单的自我介绍。请注意，一两分钟内的自我介绍足够，我不建议你用太多的时间介绍自己，以免有自我吹嘘之嫌。其实，整个竞聘演讲，本质上就是目标感很强的自我介绍，所以你也别担心如果开场没做全面的自我介绍会不会吃亏。

第二步：画一幅"竞聘岗位自画像"——描述你对竞聘岗位的理解。

打个比方，你要去竞争的这个岗位好比是你心仪很久的女孩子（男孩子），如果你都不知道她（他）到底想要的是什么，喜欢什么类型的人，你就花很长的时间介绍自己这里好那里好，人家不拒绝你才怪呢。因此，在竞聘演讲中，你应当着重描述你对新岗位的理解，比如新岗位所需的职责与担当、机遇与挑战。简言之，清楚新岗位到底需要一个什么样的人，本质上是在为你的下一步做好铺垫。

第三步：写一封自荐信，包含两部分内容——提供你能胜任的依据，呈现你的优势。

这个时候，你的重头戏来了。需要注意的是：第一，先告诉大家你能够胜任的依据，再呈现自身的优势。顺序不要颠倒，不要先呈现优势，再说你的胜任依据。因为评委在评选的时候，他们在逻辑上的考量顺序是这样的：首先看你是否合格、是否适合，然后才把你和其他竞聘者进行对照，看谁更优秀。第二，在提供自己能够胜任此岗位的依据时，不要"犹抱琵琶半遮面"，不要把你曾经取得的辉煌战绩藏着掖着，要有针对性地客观呈现。与竞聘岗位无关的功绩可不说，与岗位有关的功绩也要视时间长短来筛选，你只需要挑选最重要的三个来说，比如，你的业绩表现、你的突出贡献、你在哪方面能独当一面等。第三，呈现自己优势的时候，要具象化、故事化。不要太过抽象地罗列你的优势，比如，"我有卓越的领导力、执行力、适应力、沟通协调能力、工作拓展能力……"这样的叙述，是一种堆砌，太过抽象、虚幻。事实上，能够证明你这些能力的故事才能打动评委。在这个部分，不妨讲述一些故事，比如你是如何从一个拒绝我们的客户手中重新拿到订单，最终还收获客户的好评，也使客户成为公司长期合作伙伴的。评委们都很聪明，他们会从这些真实的故事中读出你能胜任新岗位的能力。

第四步：写一份未来策划案——描述一旦当选后，未来你会如何做。

俗话说得好，兵马未动，粮草先行。在这个环节，你要展现一旦当选后自己清晰的工作思路，这是一个让评委加分的好环节。要小心，在这个环节中，你一定要少谈改革，多提优化和创新。别让自己这些大展宏图的新计划得罪了其他人，特别是这个岗位的前任。如果你在竞聘演讲中，提了很多大刀阔斧的改革，会有一些别有用心的人认为你是在过分否定这个岗位的前任。不是说不能提改革，而是要换个角度阐述你的工作计划和思路，才不至于得罪其他人。比如，先向评委、领导和同事们坦诚地讲述这个岗位已经取得的成绩，再表明你会在现有的基础上如何进一步优化、如何进一步创新。

以上是策略上的技巧，那么，在陈述新计划、新方案时，如何能清晰而富有逻辑地表达呢？

一份清晰的工作计划应该包含什么？当选定了一个要执行的计划之后，你只要思考这五个 W 就可以了。它们分别是：Why，为什么要做这个计划；What，这个计划的工作内容是什么；How，这个新计划要采取的措施、策略是什么；Who，这个计划由谁来做，具体负责人是谁，分工授权给谁；When，计划的开始时间和复盘时间，以及结束时间。只要带着这五个 W 去思考，你就可以清晰描述一份策划案。

第五步：写一份真诚的承诺书——真诚地表达你的决心。

在这个环节，你要表达对新岗位的忠心、决心以及热爱。你有没有发现，竞聘新岗位跟追求女孩子很相似，在为她戴上戒指的时候，我们总要山盟海誓一番，而为打动新岗位的审查者（评委、领导），我们同样需要表达对胜任新岗位的决心和热情。不过要注意，不要做浮夸的承诺，"如果我能胜任，我将保证完成任务"，一旦你这个承诺完不成，就会成为大家的笑柄。要最大限度地展现你的真诚，以及你对这个新岗位工作的热爱。在这个环节，建设你把现场所有听众拉到你的统一阵线来，真诚地告诉他们，如果你能得到这个职位，你不是来管控大家的，而是要更好地为所有人提供服务的，为兄弟部门服务，为营销团队服务，为财务团队服务，为行政团队服务。这样的做法很真诚，而且可以帮你争取最大范围的群众基础，争取群众票数。

第六步，彰显你的风度——结尾时，告诉大家万一你没有被选上你会怎么做。

竞聘演讲既然是一个竞争性的演讲，肯定是有人失败、有人成功的。竞聘成功了，当然开心，可万一失败了，也要给自己找一个台阶下。最后，你应当和评委、领导、同事们表达类似的想法，"各位评委，我的竞聘演讲结束了，最后，我想邀请在座的各位为我投一票。如果我竞聘成功了，我将不遗余力地在新岗位上发光发热；如果失败了，我也会回到我现在的岗位，继续努力做好本职工作，一方面持续学习让自己不断成长，一方面我会努力支持成功竞聘这个新岗位的同事，帮助他在这个新岗位取得更大的成就，谢谢大家！"别小看最后这句话，它恰恰能体现你的肚量和人品，也会给评委留下一个好印象。

说话慧有招

能参加竞聘演讲，说明你的事业迎来了一个难得的机会。机会本身有两个特点：一是稍纵即逝；二是青睐于有准备的人。因此，面对千载难逢的机会，你一定要提前有策略地做准备，奋力抓住它。如何让你的竞聘演讲打动评委、领导，实现升职加薪呢？我们来总结一下竞聘演讲的四个方法。

方法一：别让网上的模板害了你。太过华丽的 PPT 内容可能会抢了你演讲的风头，而套用网络模板式的演讲内容，不但不符合你竞聘岗位的要求，也会让你失去思考，更缺乏真诚，难以打动台下的评委和观众。

方法二：树立你的辨识度。发掘自己与众不同的地方，展示"人无我有，人有我优"的地方。

方法三：注重演讲稿在"口头"上的体验，而非在"笔头"上的体验。去书面化，使演讲更有对象感。

方法四：运用一套全面客观的思考逻辑。这个思考逻辑共有六个步骤。

第一步：画一幅"自画像"——开场做一个简单的自我介绍。

第二步：画一幅"竞聘岗位自画像"——描述你对竞聘岗位的理解。

第三步：写一封自荐信包含两部分内容——提供你能胜任的依据，呈现你的优势。

第四步：写一份未来策划案——描述一旦当选后，未来你会如何做。

第五步：写一份真诚的承诺书——真诚地表达你的决心。

第六步，彰显你的风度——结尾时，告诉大家万一你没有被选上你会怎么做。

努力工作很重要，但是我们也要掌握技巧，让自己在关键场合再努力一点点，抓住机遇。关键场合的完美表达，胜过十倍默默努力。

后　记

　　你可能想不到，我这样一名教大家说话和沟通的老师，从前竟是一个很自卑的姑娘。作为一个天生的左撇子，从小我就觉得自己和别人不一样，又因为是独生女，从小和爷爷奶奶在一起生活，所以造就了孤僻、不愿和人交流的性格。尤其是在夜深人静的时候，陪伴我的常常只有一台收音机，我喜欢对着收音机说话，甚至跟着收音机里主持人的声音来朗读。电波里小姐姐甜美的声音，伴随我每一天的成长，慢慢地，我心里萌发了做主持人的想法。这台收音机成了我实现梦想道路上的启蒙"老师"。

　　高三那年，一个操着福建乡音的女孩儿，尽管从来没有经过任何主持方面的培训，但为了实现儿时的梦想，竟踏上了艺考的道路。那时的我，为了赢得宝贵的机会，拿出自己多年来写的诗歌和散文文稿，并且抓住机会找到院长，强烈地表达了自己学习主持的渴望。最终，在面试的最后一刻，打动了第一次来福建招生的播音主持学院院长，成功被录取，成了学校第一届的福建生，开始学习播音主持专业，我的梦想之路又前进了一步。

从生疏到熟知，是一个漫长而且艰苦的过程。尽管我始终相信，没有什么不可能。可一进大学，我就感受到了竞争的残酷。大一上学期期末考试，语音笔试和口试全部不及格。我选择日日夜夜地练习发音、矫正咬字、练习气息，从不间断。每天6点起床晨练，晚上泡图书馆查资料。别人谈恋爱的时间，我却全部用在读书上。大学期间，我还进入了梦寐已久的电台实习，和当年自己仰望的那位电台小姐姐一起共事。大学毕业时，我成了学校的优秀毕业生，成功逆袭。

毕业后，我阴差阳错地考上了事业单位的正式编制，从此开始了一成不变、朝九晚五的生活。梦想也有搁浅的可能，但我知道，我的人生不能止步于此，哪怕孤注一掷，也要再进一步。虽然铁饭碗的工作并不是自己喜欢的，不过在工作之余，我依然从事兼职主持人的工作，并且努力把握机会参加各类比赛提升自己。在工作的这些年里，我也渐渐发现，要在这个社会立足，光有好听的声音并不够，还要学会表达和沟通的技能，会说话是一种智慧。于是，我开始慢慢地总结经验，将自己的说话一些技巧精心挖掘，细致分析，这种动力促使我在事业单位工作10多年后，毅然决然地辞去铁饭碗的工作，转型成为一名职业的演讲表达、情商沟通教练，开始了新的人生。

　　你看到的这些课程内容，是根据不同场景划分的，希望你看完后能够吸收使用，助力你在生活中、家庭中、职场中学会"套路"，满足各类表达和沟通场景的需求。我也十分期待和你一起成为超级"慧"说话的人，祝福你。

　　　　　　　　　　　　　　　　周思慧

　　　　　　　　　　　　2020 年 4 月 2 日于福建泉州